国家安全知识简明读本

GUOJIA ANQUANZHISHI
JIANMING DUBEN

国家安全知识简明读本

信息安全

黄日涵 著

国际文化出版公司

·北京·

图书在版编目（CIP）数据

信息安全/黄日涵著.—北京：国际文化出版公司，2013.6
（国家安全知识简明读本）
ISBN 978-7-5125-0288-8

Ⅰ.①信… Ⅱ.①黄… Ⅲ.①信息安全-国家安全-基本知识-中国 Ⅳ.①D631

中国版本图书馆CIP数据核字（2013）第060550号

国家安全知识简明读本·信息安全

作　　者	黄日涵
责任编辑	李　璞
特约策划	马燕冰
统筹监制	葛宏峰　刘　毅　刘露芳
策划编辑	周　贺
美术编辑	李丹丹
出版发行	国际文化出版公司
经　　销	国文润华文化传媒（北京）有限责任公司
印　　刷	河北锐文印刷有限公司
开　　本	700毫米×1000毫米　　16开 10印张　　　　　　　　140千字
版　　次	2014年9月第1版 2018年12月第2次印刷
书　　号	ISBN 978-7-5125-0288-8
定　　价	29.80元

国际文化出版公司
北京朝阳区东土城路乙9号　　邮编：100013
总编室：（010）64271551　　传真：（010）64271578
销售热线：（010）64271187
传真：（010）64271187-800
E-mail：icpc@95777.sina.net
http://www.sinoread.com

目 录

第一章 信息安全概论
  第一节　信息安全概念的界定　　　　　　　　　006
  第二节　信息安全的主要内容　　　　　　　　　007
  第三节　信息安全的基本特征　　　　　　　　　010

第二章 信息安全在国家安全中的战略地位
  第一节　信息安全的战略意义　　　　　　　　　014
  第二节　信息安全在国家安全中的地位　　　　　018
  第三节　信息安全对国家安全的影响　　　　　　021

第三章 2005～2011年信息安全领域的新特点
  第一节　2005年信息安全领域特点　　　　　　　036
  第二节　2006年信息安全领域特点　　　　　　　038
  第三节　2007年信息安全领域特点　　　　　　　042
  第四节　2008年信息安全领域特点　　　　　　　047
  第五节　2009年信息安全领域特点　　　　　　　050
  第六节　2010年信息安全领域特点　　　　　　　052
  第七节　2011年信息安全领域特点　　　　　　　054

第四章　信息安全对国家安全的挑战
　　第一节　网络民族主义与国家安全　　060
　　第二节　网络间谍与国家信息安全　　067
　　第三节　网络恐怖主义与国家安全　　075
　　第四节　网络舆论与外交决策安全　　086

第五章　信息安全对国际关系领域的影响
　　第一节　信息安全影响国际关系的模式分析　　094
　　第二节　信息安全影响国际关系案例分析　　099

第六章　美国国家信息安全战略体系的借鉴意义
　　第一节　美国国家信息安全战略的实施方法　　124
　　第二节　美国信息安全管理经验　　127
　　第三节　美国信息安全优势获取途径　　130

第七章　中国信息安全面临挑战及未来建议
　　第一节　我国信息安全面临主要威胁分析　　134
　　第二节　关于中国信息安全面临问题的思考　　137
　　第三节　中国信息安全未来建议　　143

主要参考文献　　153

第一章　信息安全概论

　　进入 21 世纪以来，随着全球信息技术的不断发展，信息技术对社会生活的影响也日益深化，信息安全的内涵也在不断发展。人们对信息安全的认识经历了最初强调信息保密的通信保密时代，到强调信息的完整性、可靠性、可用性的信息安全时代。随着计算机技术的不断进步，信息安全的内涵和范围也逐渐从政治、军事领域扩大到了各个行业，并逐渐成为国家安全的核心组成部分。

第一节 信息安全概念的界定

在古代汉语中,并没有"安全"这个单独的词语,但是"安"字却在许多场合下表达着现代汉语中"安全"的意义,表达了人们通常理解的"安全"这一概念。"安全"这个词语在当今社会表现出来的基本含义为:"远离危险的状态或特性"或者是"客观上不存在威胁"、"主观上不存在恐惧"。在全世界各个领域都存在安全问题,安全是一个普遍存在的问题。

信息一般情况下是指通过在数据上施加某些约定而赋予这些数据的特殊含义。一般意义上,信息是指事物的一种属性,在引入必要的约束条件后可以形成特定的概念。人们对于信息安全的认识是随着互联网的普及而不断发展的,信息的内涵及意义因时代的不同而不同,人们对信息安全的认识也有一个发展和变化的过程,早期的信息安全主要指的是政治领域或者是军事领域,因此信息安全工作也被蒙上了一层神秘的面纱。到了21世纪,每个民众都可能面临信息安全问题,信息安全的涉及领域也更为宽泛,因此社会各界开始加大在信息安全领域的研究。

对于信息安全概念的界定我们一般从狭义和广义两个方面来理解。狭义的信息安全是指信息自身的安全问题,指信息的整体状态安全以及信息状态转移安全,基本包括信息的机密性、可靠性、可控性、有用性及完整性五个方面。广义的信息安全主要是指信息系统的有序性和稳定性。它是指一个国家的信息技术体系以及社会信息化不受外来的侵害或威胁,以维持国家政治、经济、军事、文化、科技、社会生活等系统不受内外环境威胁、干扰、破坏而正常运行的状态。由此可见,广义的概念已经把信息安全上升到国家安全的高度,涵盖了综合国家安全中的各个要素,使得信息安全成为一个复杂而又全面的综合性系统。

进入了21世纪以来,信息安全的定义也随着信息技术的进步而动态发展。有一种观点认为,信息安全就是计算机安全延伸;另一种观点是从国家安全的角度出发,认为信息安全是指一个国家的信息化状态不受到外来的威胁与侵害,或者是一个国家的信息技术体系不受到外来的威胁与侵害。

根据上述信息安全的定义,一般情况下而言,信息安全的首要任务,是指采取技术手段以及有效管理的方法让信息资产免遭威胁,或者将威胁带来的后果降到最低程度,以此维护组织的正常运作。[1] 所以,凡是涉及保密性、可追溯性、可用性、完整性、可靠性和真实性保护等方面的技术和理论,都是信息安全所要研究的范畴,也是信息安全所要实现的目标。

第二节 信息安全的主要内容

在互联网时代下的国家安全中,信息安全已经上升到一个至关重要的地位。信息安全不仅关系到国家层面的重大安全,也与普通百姓的生活息息相关。我们在本书中讨论的信息安全主要是指综合性的信息安全,涉及政治、经济、军事、文化、科技、思想文化、社会稳定、生态环境等各个领域,是一个复杂全面的综合性系统,随着信息化程度的日益加深,信息安全已经上升到了一个全局性的战略高度。如下图所示:

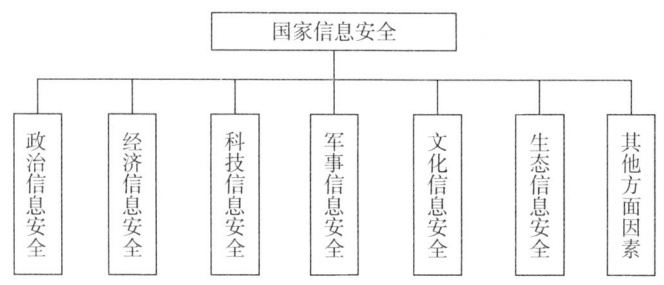

图1-1 国家信息安全系统

通过上图我们可以知道国家信息安全的构成是丰富多样的,涉及方方

---

[1] 袁峰:《点击未来军事热点》,《解放军报》网络版(www.pladaily.com.cn)。

面面的内容。所以随着互联网与计算机技术的飞速发展，国家信息安全中产生的新热点依然值得我们不断深入思考、努力发掘规律、逐步指导实践。

信息技术革命的飞速发展，使得信息网络渗透到了国家社会生活的各个领域，信息安全问题也在各领域逐步显现出来。在信息时代中信息安全是国家安全中最突出、最核心的问题，无论在国家的哪个领域，其安全的核心就是信息技术及其内容——信息。

一、政治信息安全

通常来说，政治活动对于一个国家来说是最重要的活动，政治信息往往与政府的稳定、前途甚至命运密切相关。政治信息公开化的状况对于信息安全来说如同一把双刃剑，一方面推动了现代民主的发展，另一方面也带来了很强的负面效应，即国家的政局稳定、政府形象极易受到外部势力的侵蚀。敌对国家可以利用先进的媒体手段，尤其是大型的跨国互联网企业，对一国的政治施加有效的影响，甚至控制一个国家的政治舆论，从而达到颠覆对方政权的目的。2011年爆发的"阿拉伯之春"就是一个典型的案例。

二、经济信息安全

经济全球化和信息全球化的发展使每一个国家的经济系统，如金融、银行、税务、社会保险和航空管制等系统都紧紧与世界联系在一起，在全球化给予一个国家获得更多的发展经济的机会的同时，也给许多国家经济信息安全带来了更大的风险。

三、军事信息安全

21世纪，全民进入了网络时代，由于信息网络技术的普及，人们的信息触角大大延伸，给国家信息安全带来了严峻的挑战。国家军事信息失去以往深墙高院的有形保护，而代之以还远未成熟的无形防火墙保护。美国作为军事信息技术发展得最早、信息安全技术最为发达的国家，其军事信息系统仍经常受到网络间谍和计算机病毒的攻击和破坏，更不用说信息技术较为落后的发展中国家。

四、文化信息安全

人类社会信息化程度的提高并未弥合不同文化之间的矛盾与差异。信息网络技术的发展给文化信息的传播与交流带来了革命性的变化。同时，与文化相互封闭时期相比，文化自我保护的难度也加大了。特别是进入21世纪以来，美国凭借国内先进的互联网信息技术，通过大型互联网公司，如Google、Facebook、Twitter等，大力推行"网络文化入侵"以及"网络文化扩张"，使发展中国家的文化信息安全受到空前威胁。

五、科技信息安全

科学技术是第一生产力，对于21世纪的国家综合实力而言，科技信息是一种极为重要的资源。因此，几乎世界上每个国家都在设法搜集别国的科技信息情报，国家之间也展开激烈的科技信息情报战，科技信息安全已经成为国家信息安全的重要内容。

六、生态信息安全

生态环境信息主要指人类对生态环境的监测记录和国家面对生态恶化状况所作出的反应，又被称为"绿色安全"或"生态安全"。目前，本着维护世界生态平衡、保障生态环境的目标，在这个领域世界各国之间基本呈现一种良好合作的态势。

第三节　信息安全的基本特征

进入 21 世纪，互联网科技高速发展，极大地缩短了国与国之间、区域与区域之间的空间以及心理距离，带来了全世界生产、生活方式翻天覆地的变化。因此，以全球相互依存为特色的多中心点国际体系在信息化社会日益彰显。[1] 这种特色也使人类互惠性不断增强，一个"全球社会"正逐步呈现在大家眼前。

由于全球互联网技术的高速发展，在网络时代下的国家信息安全也出现了许多新的特征。在这个全新的信息社会，网络已经成为支撑社会政治、经济和生活正常运转的基石，接下来我们就来具体看看信息安全的基本特征。

一、信息安全威胁的广泛性

2012 年 7 月 19 日，中国互联网络信息中心（CNNIC）在京发布了《第 30 次中国互联网络发展状况统计报告》（以下简称《报告》）。《报告》显示，截至 2012 年 6 月底，中国网民数量突破 5.38 亿，2012 年上半年新增网民 2450 万，互联网普及率达到 39.9%。中国目前有网站 342 万家，域名 873 万个，截止 2012 年 11 月新浪微博注册会员突破 4 亿。

总结过去五年中国网民增长情况，从 2006 年互联网普及率升至 10.5% 开始，网民规模迎来一轮快速增长，平均每年普及率提升约 6 个百分点，尤其在 2008 年和 2009 年，网民年增长量接近 9000 万。

可以说，社会已经开始进入了全民网络时代，互联网将国家的信息系统连接在一起，网络用户可以在世界上任何一个网络接入点连接互联网，

---

[1] 刘超：《信息时代国际关系理论探析》，载《欧洲》2001年第6期。

访问其他网络用户。理论上来说攻击者可以在任何一点发动攻击，任何一点也都可能是被攻击的目标。网络把全球无缝地连接在一起，安全威胁的广泛性也使得发动网络攻击的后果往往是双方或多方无一幸免，从而形成全球即时扩散和"蝴蝶效应"，这就使信息安全问题变得更具广泛性。

二、信息安全威胁的灾难性

随着网络的普及和政府上网工程的启动和发展，各级政府部门、军事、能源、金融、交通、通讯等方面都建立了自己的信息网络系统。信息安全问题关系着整个社会的正常运转与稳定，信息技术和网络已经成为整个社会各行业生产、发展的重要基础，一旦这些信息系统遭到破坏，将会对国家安全稳定、企业生产发展、个人工作生活产生极强的破坏性，造成灾难性的后果，危害到国家安全与稳定。

三、信息安全威胁的高智能性

网络技术是科技发展和进步的产物。以往谈论的安全问题，较多地体现为物理手段之间的对抗，通常是指通过武力方式进行的军事斗争。但是随着互联网的普及，通过网络进行的各种斗争更多地表现为信息技术的对抗，对网络和信息的攻击和窃取是通过信息技术手段来实现的，是高智能的对抗，这些年提到的很多的"网络战争""网络间谍"，就是这种情况。

四、信息安全威胁的隐蔽性和机动性

在网络普及的前提下，网络攻击对攻击者来说具有隐蔽性和机动性的特点，攻击者可以以较低的成本对目标进行网络攻击、信息窃取、终端控制、篡改和破坏信息，因此攻击活动的隐蔽性和活动性很强。他们远离对方国土疆域，不必冒生命危险，攻击者在暗处，而防守方在明处被动防御，付出巨大的成本。通过网络攻击有时可以达到在常规军事斗争中需要付出诸多生命和大量财物等巨大代价才能达到的战略目标。

五、信息安全威胁来源的多样性和防范对象的不确定性

信息安全威胁来源和安全防范对象的多元性、模糊性，使安全限界的确定变得十分困难，并对信息安全防护工作提出了前所未有的挑战。传统的国家安全中，有能力对国家的军事和政治安全构成威胁的主要是国家的敌对国家和敌对组织，并且一个国家非常清楚地知道谁对其国家安全构成了威胁。如果一个国家受到了攻击，也能很快确定攻击是由谁发动的，进而采取有针对性的措施。但是，在国家生活日益信息化的今天，上述情况发生了极大的变化。在信息社会中，公用和私人网络互联，军用和民用网络互联，各国之间的网络都已联为一体，各类用户数量极大。信息科技的迅速发展和扩散，使得许多非政府组织、跨国公司、与宗教和种族有关的激进组织、恐怖势力、犯罪集团甚至是个人具有了运用高科技的能力。当他们为了达到自己的非法目的或者对一个国家的政策不满时，就可以运用各种信息武器，通过信息网络对国家的信息系统发动攻击。

当攻击发生时，你很难分清楚攻击是来自国内还是国外，是来自国家、组织还是个人，攻击的具体原因是什么。信息安全攻击源的多样性和防范对象的不确定性，使得信息安全攻击更加难以防范。

第二章　信息安全在国家安全中的战略地位

国家安全是国家的基本利益，是一个国家处于没有危险的客观状态，也就是国家没有外部的威胁和侵害，也没有内部的混乱和疾患的客观状态。随着信息技术的发展，国家安全不再局限于传统的保护主权和领土完整，它不仅包括军事领域，也包括经济、社会、文化、科技等诸多领域。随着信息化的高速发展，国家信息安全从政治安全、军事安全中逐渐凸显出来，成为和平时期国家安全内涵中特别重要的组成部分。没有信息安全，就不会有真正的政治安全、军事安全和经济安全，更谈不上完全意义上的国家安全。

第一节　信息安全的战略意义

　　网络的出现，大大缩短了国家与国家、民族与民族、地区与地区之间的空间距离和心理距离，给人类生产、生活带来了巨大而深刻的变化。[1] 网络时代随着技术的发展这一特征变得越来越明显，以全球相互依存为特色的多中心国际体系的地位日益彰显，[2] 也使人类互惠性不断增强，一个"全球社会"正在出现。[3] 在一个全新的信息社会,网络成为支撑社会政治、经济和生活正常运转的基石，各国将信息产业的发展上升到国家战略的高度。在这个大背景下，网络和信息安全已经上升到国家安全的层面。[4]

一、信息时代赋予国家安全的新使命

　　现实主义理论的代表人物阿诺德·沃尔弗斯指出："安全，在客观的意义上表明对所获得的价值不存在威胁，在主观的意义上表明不存在这样的价值会受到攻击的恐惧。"[5]

　　国家安全是指国家不存在危险或不存在对国家的威胁。随着信息技术的发展，国家安全不再局限于传统的保护国家主权和领土的完整，它不仅存在于军事领域，还存在于经济、社会、文化、科技等诸多领域。在网络日益普及的带动下，国家信息安全从政治安全、军事安全中凸显出来，成为和平时期国家安全内涵中特别重要的组成部分。换而言之,在信息社会，国家安全的核心已经衍变成信息安全。[6]

---

[1] 胡键、文军:《网络与国家安全》，贵州人民出版社，2002年版，第8页。
[2] 刘超:《信息时代国际关系理论探析》，载《欧洲》2001年第6期。
[3] John Naisbett,Global Paradox,NY:Avon Books,1994;Francis Fukuyama,The End of History and the Last Man,London:Hamish Hamilton,1994.
[4] 赵程鹏:《网络安全与国家安全》，载《学习月刊》2007年第12期，第11页。
[5] 周小霞:《浅析网络时代的国家安全》，载《湖北社会科学》2005年第1期，第114页。
[6] 金小川:《信息社会的重大课题:国家信息安全》，载《国际展望》1999年第17期。

二、国家安全的虚拟边疆防护凸显战略意义

传统安全领域，守卫边疆一直是保卫国家安全、抵御外敌入侵的主要方式。随着生产力的发展，人类的活动范围不断扩大，国家的疆界也在不断地发生变化。随着计算机技术和互联网技术的发展，国家的虚拟疆界的安全已经成为各国关注的新问题，我们称之为"信息边疆"。

事实上，信息边疆是虚无缥缈的。信息网络的发展和信息战的出现正在模糊原有意义上的"界限"，如国内与国外、前方与后方、团体与个人、外交与内政、军事与非军事、局部与全局等，使得判断事件的性质、辨认发动攻击的来源、事先预警和防范变得更为困难。而且目前信息网络系统仍存在有诸多的脆弱性，一旦遭受攻击易导致局部性甚至是全局性的系统瘫痪。

国家主权是指一个国家独立自主地处理对内对外事务的最高权力。国家主权的内容和范围也不是一成不变的，随着科技进步和国家活动领域的拓展，国家主权的内容也在不断丰富。在信息技术革命迅猛发展和信息网络技术广泛应用的背景下，"信息主权"已成为国家主权新的重要组成部分。"信息主权"是指国家对信息必然享有的保护、管理和控制的权力，是国家主权在信息活动中的体现。"信息主权"对内表现为国家对于所辖信息疆域内任何信息的制造、传播和交易活动，以及相关的组织和制度拥有最高权力；对外表现为国家有权决定采取何种方式、以什么样的程序参与国际信息活动，并且有权在信息利益受到他国侵犯时采取必要措施进行保护。但是，由于各国的信息网络技术基础不同，信息网络技术水平存在很大差距，所以各国凭借信息网络技术行使主权的空间范围和能力也不相同。信息网络技术发达的国家操纵着全球大部分越境信息流的流向和分布，从而能够拓展主权行使的空间和内容，而信息网络技术落后的国家，主权行使范围依然集中在传统概念上的领土、领海、领空范围，难以对全球范围内的信息流动施加影响。这造成了不同国家间"信息主权"享有的严重不平衡。更为严重的是，许多落后国家的"信息主权"处于缺失状态，遭受别国任意

侵犯而又无可奈何。在信息网络时代，无论是卫星传播还是互联网传输都不可能以国界为限。任何个人、组织、国家，无论在地球的什么位置，都可以借助廉价的信息传播工具将高质量的渗透信息连续不断地传输给某一国家的民众。

"信息主权"享有的不平衡和"信息主权"的缺失是国家主权与国家安全的重大潜在威胁，随着全球化的深入发展和新经济产业结构的逐步确立，这种威胁将越来越严重。未来国家间的侵略不会仅限于单一的物质财富的掠夺，必将更多地指向对信息的侵占和控制。从这种意义上说，谁没有信息的独立和主权，谁就没有国家的独立和主权，国家安全也就无从谈起。因此，在信息时代，信息安全成为国家安全的重点。

三、信息安全对于转型期中国社会政治稳定的重要影响

从政治学的角度来说，社会转型往往被用来描述一个国家体制的重构，但单单描述这一点是远远不够的，事实上，社会转型也包括技术的发展和变迁。当今中国社会也处于社会转型时期，不仅体制要转型，而且也包括技术的变革，在这里特别要强调的是互联网技术在中国的发展。大多数人们关注的焦点仍然是体制转型对政治稳定的影响，在这一方面的研究成果颇多；但是有关技术变革对政治稳定的副作用影响的研究，似乎并没有引起太多的关注，对这一方面的研究还处于起步阶段。

中国大陆地区从 20 世纪 90 年代初就接入了互联网，随着各种"上网工程"的实施，中国社会的信息化水平不断提高，特别是进入 21 世纪之后，中国的互联网获得了蓬勃的发展，网民数已经跃居全球第一，这也意味着中国社会进入了信息时代。日益强大的信息潮给体制转型中的中国政治发展增加了复杂性。而随之配套的中国的信息化工程又十分脆弱，防御信息攻击的能力也非常有限。在这种条件下，有益信息一旦受到有害信息的污染，受损的将不只是信息本身，可能将危及社会安全和政治稳定。不仅如

此，信息安全问题更是世界性的问题，各国都不同程度地面临这样的危害，所以应该加强国际合作，在与国际社会的合作中，借鉴其他国家这方面的经验，以提高中国的管理水平。[1]

随着信息安全在国家安全地位中的凸显，作为国家安全的重要组成部分，信息安全与国家安全存在着密切的联系，深刻地影响了国家安全的许多方面，与此同时信息安全也面临着来自多方面的挑战和威胁，如果信息安全受到威胁，则国家其他方面的安全就无法保障，进而影响到国家整体安全。因此，如果对信息安全的重要地位重视程度不到位，应对措施不得当，国家的发展前途必将会受到严重威胁。

四、信息安全成为影响国家稳定甚至国际关系的重要因素

网络时代，国家的政治性活动大多以信息网络为载体来实现。政治活动与信息安全息息相关，不同国家之间意识形态的斗争也越来越多地利用信息网络作为战场，因此，信息安全对国家政治安全的影响日益增加。

在信息时代，信息安全的相关措施和防护水平直接影响到国家政治的稳定与安全。一旦信息安全出现问题，国家的舆论导向很容易被控制，民众的心态也容易受到误导，将对国家政治稳定造成严重危害。在信息时代，信息网络广泛运用于国家的方方面面，信息安全关系到整个国家的国计民生，甚至整个民族的安危。这一切都促使信息力成为一个国家重要的国力。"信息正在变成实力"，国家权力的性质已经由高资本含量变成了高信息含量。[2]

一个国家信息安全和信息能力的强弱，直接决定了这个国家在国际舞台上的竞争力和未来发展的潜力。在提高科技水平、大力发展信息技术的同时，发达国家无一例外地将保障信息安全和网络系统安全作为科技发展战略的一项重要内容。他们争先恐后地争夺信息安全领域的制高点，力争

---

[1] 姜岩、陈玲玲：《信息安全》，陕西人民教育出版社，2006年版，第93页。
[2] 阿尔温·托夫勒著，刘炳章等译：《力量转移》，新华出版社，1999年版，第41页。

在信息时代拥有绝对霸权，抢占霸主地位。[1] 在这一形势下，发达国家往往通过国内的大型互联网跨国公司，利用互联网和通信系统在全球范围内扩展组织、发展势力、协调行动、执行国家意志。发达国家可以借助互联网同时在多个国家进行活动。他们将互联网平台作为其战争宣传、扩大影响力、向目标国政府施压、颠覆目标国政府的重要工具。这些大型的互联网跨国企业不断通过互联网传播其思想，进行意识形态渗透，突破原有意义上的国家边界，形成互联网阵地，向目标国家的权力发起挑战，并对目标国家进行施压，最终达到其政治目的，改变国际关系格局，这种情况在当今的世界政治中已经日益突出。因此，只有掌握了互联网话语权的国家，才能有效地维护自身国家安全，并不断巩固提升自身实力，成为在国际政治舞台上的重要力量。

第二节　信息安全在国家安全中的地位

随着信息化的高速发展，信息安全构成了新时期国家安全的基础和前提，没有信息安全，就不会有真正的政治安全、军事安全和经济安全，更谈不上完全意义上的国家安全。

一、信息安全开始成为国家安全的核心因素

在不同的历史阶段，国家安全有着不同的内容和重点。冷战期间和冷战结束之后，国家安全经历了由军事安全为主向经济安全为主的转变。随着信息技术在社会经济生活各个领域的广泛应用，人们对于国家安全的认识得到了进一步的深化和扩展。信息安全已经成为了国家安全中的重要因素，甚至是核心因素，直接影响到国家的政治和社会稳定、政权安全、经济有序发展等全局性问题。

---

[1] 陈挺、赫兟：《关注"信息殖民主义"现象》，2000年2月《解放军报》。

随着各国信息化的发展，网络的应用程度越来越高，网络信息安全问题日益突出，成为国家安全的核心问题，其主要原因有：

第一，现实世界对信息系统依赖程度逐渐深化。随着网络信息技术的发展，各国通讯、交通、航空、救灾、消防、金融等基础设施系统越来越多地利用网络传输数据并进行管理，各个系统之间相互依赖，从而带来了巨大的安全威胁。信息网络不仅是人类获取信息和进行交流的主要渠道，而且也牵动着全球经济的命脉。金融、通讯、交通等系统一旦发生问题，轻则导致经济损失和社会生活的不便，重则会使整个国家的政治、经济或军事陷入瘫痪，社会秩序失控。

第二，信息系统自身具有脆弱性。通讯和信息系统本身越脆弱，网络犯罪分子可能造成的破坏性就越大。至于造成通讯与信息系统的脆弱性和易攻击性的原因，一是因为通讯与信息系统是一个先天缺乏安全控制的开放系统，控制权分散无序。这种先天具有缺陷的运作机制是产生通讯和信息系统脆弱性和危机的重要根源。二是因为通信和信息系统安全技术开发的滞后。三是通信和信息系统的技术结构本身带有极大的缺陷。

第三，网络的开放性、全球性、信息和数据的共享性、匿名性等特点使得网络极易为犯罪分子所利用。网络开放、虚拟和跨国的特点，有利于犯罪分子和恐怖分子隐藏自己的真实身份和真实位置，增加预警和侦查的难度。

特别是网络信息战的出现，使得用鼠标和键盘进行一场不流血的战争正在成为现实。利用网络进行的信息战已经成为现代战争的新形式，就对信息的依赖程度来说，过去的任何战争都不及信息化战争。随着信息网络技术的进一步发展，信息战必将成为21世纪战争舞台上的重要角色。在未来战争中，谁拥有了信息网络技术的制高点，谁就拥有了战争的主动权，因此，信息安全问题已经毋庸置疑地成了当前以及未来国家安全的核心因素。

二、信息安全是国家安全战略的重中之重

信息是国家战略资源,国际上围绕信息的获取、使用和控制的斗争愈演愈烈,信息安全成为维护国家安全和社会稳定的一个焦点,各国都给予了极大的关注与投入。以信息技术为代表的高新技术及其产业化迅猛发展,深刻影响着各国的政治、经济、军事、科技、文化及其人们的日常生活等各个方面,对全球化的竞争和各国综合国力的提高,对世界的发展和人类文明的进步,产生了更加巨大而深刻的影响。随着社会、经济和军事等领域的发展越来越强烈地依赖于信息和信息网络,信息已成为最能代表综合国力的战略资源,信息网络正逐步成为国家的重要基础设施。国民经济中的国家关键基础设施,包括金融、银行、税收、能源生产储备、粮油生产储备、水电气供应、交通运输、邮电通信、广播电视、商业贸易等国家关键基础设施。保证国民经济国家关键基础设施的信息安全,抵御有关国家、地区、集团可能对我国实施信息战的威胁和打击国内外的高技术犯罪,保障国家安全、社会稳定和经济发展是信息安全战略的重点任务。

随着我国社会信息化程度的提高,各行各业对利用互联网实现电子政务、电子商务和电子事务的需求越来越迫切,但如何确保上网信息及其他网络资源的安全是一个很大的问题。分析国内外信息化和信息安全的发展形势,我国既面临着良好的发展机遇和有利条件,又面临着紧迫的挑战和不利因素。只要我们抓住机遇,积极发挥后发优势,就可以实现经济跨越式发展以及社会各方面工作的进步,确保国民经济信息化的健康发展。目前我国信息与网络安全的防护能力处于发展的初级阶段,许多应用系统处于不设防状态,当务之急是要用我国自己的安全设备加强信息与网络的安全性,大力发展基于自主技术的信息安全产业,不仅对促进国民经济信息化发展起到推动作用,而且对维护我国的国家主权和安全、维护政治稳定和社会安定、保障信息化建设的安全,都有着十分重要的战略意义。

第三节　信息安全对国家安全的影响

一、信息安全已成为影响政治安全的重要因素

在传统安全观的视角下，政治安全是国家安全最核心的领域，是主权国家存续的根本因素，主要以主权独立、领土完整、政权稳固、社会稳定等形式表现出来。政治安全随着信息网络技术的发展和广泛应用，也发生了很大变化，出现了信息网络时代的政治安全。我们所讲的信息网络时代的政治安全，主要指的是在信息网络迅猛发展的新环境下，一个主权国家有效防范来自外部的政治干预、压力和颠覆以及内部敌对势力的破坏活动，确保国家政治制度的安全、稳定，维护国家主权和领土完整，增强国际地位。相对于传统的政治安全来说，信息网络时代的政治安全呈现出许多新的特点。第一，安全的内涵发生了变化。这里讲的国家安全不再是传统意义上的政治安全，而是基于信息网络的安全，信息网络安全成为政治安全中最核心的因素和重中之重。第二，安全的外延发生了扩展。国家安全不仅包括传统的领土疆界安全、领空疆界安全、领海疆界安全，还包括信息这一虚拟的疆界安全。第三，安全防范的难度加大。信息网络的影响和渗透，不仅使关系政治安全的许多信息不再是秘密，并且对政治安全构成威胁的因素逐渐增多，政治安全面临威胁的可能性也随之增大。第四，安全的复杂性加大。信息网络把纵横交错的不同层次的社会各部门连接起来，形成错综复杂的社会网络，这种关系越复杂越易受攻击，并且破坏性后果越严重。由此可见，在信息网络技术广泛应用的时代，一个国家的信息安全如果得不到保障，必然会损害它的政治安全。[1]

接下来我们就来具体分析信息安全对政治安全的主要影响：

---

[1] 王强：《论信息安全在国家健全中的战略地位》，山东师范大学硕士学位论文，2006年，第8页。

（一）网络政治动员事件日益突出，挑战政府权威

在网络时代，任何组织和个人都有可能利用以互联网为主的信息网络，危害国家政治稳定。他们一般通过在 BBS、SNS、微博等渠道进行发布号召、施加舆论影响和组织动员政治活动等工作来达到他们的政治目的。正是有了 Web2.0 时代的全新网络传播模式，这使得在现实世界中很难实现的政治目的或无法进行的政治活动，可以通过 Web2.0 的网络轻易地实现，这也给一些非法组织进行其政治活动提供了可乘之机。网络上的政治活动虽然无形，但其产生的影响和传播速度却是相当惊人的；由于 Web2.0 时代的网络便捷性，成千上万的分布在各地的小群体有可能瞬间组合，达到以往只有政党、社会团体和工会之类大规模组织才有的那种广泛的联系网络，从而出现了一种新型的社会现象，我们称之为虚拟社群。这种社群虽然没有严密的组织体系，却能使素未谋面的人紧密团结。当需要举行政治活动时，它更是起到了快速召集的作用，其影响力很难简单估量。伴随着信息技术的发达和信息网络的普及，这种影响可能会变得越来越深远。

（二）意识形态领域和平演变式宣传，严重威胁政权安危

美国和某些资本主义国家依靠其优越的综合国力，经常千方百计地对不同社会制度的国家政府，特别是对弱小国家的政府进行颠覆性活动，这已经成为美国外交战略的重要组成部分。他们所常用的和平演变式的手段，包括军事援助、经济援助、代理人政变、情报战和直接军事干预等。

进入 21 世纪以来，随着卫星通讯技术和计算机互联网络技术的发展和应用，美国等国家在干涉别国内政、进行颠覆活动时多了一项新的手段。那就是通过 Web2.0 时代覆盖全球的信息网络进行和平演变。美国著名国际战略专家约瑟夫·奈就曾提醒美国政府："信息优势将和美国外交、美国的软实力——美国民主和自由市场的吸引力一样，成为美国重要的力量放大器。信息机构……应作为比以前更强大、更高效、更灵活的工具来发挥作用。"这句话所表现出来的深层含义就是为了推行其政治制度、价值

观念、民主思想、意识形态等，美国和某些国家会运用信息网络，通过信息空间，在目标国家进行煽动性、颠覆性宣传。这种颠覆性宣传，轻则造成人民对政府的不满，重则导致国家政权的崩溃。

（三）国家形象容易被对手攻击并导致重构

国家形象被认为是一个国家对自己的认知以及国际体系中其他行为体对它的认知的结合。国家形象是国家的一种重要"软实力"，也是综合国力不可忽视的一部分。国家形象影响到一个国家在国际社会中的政治地位，而且也影响到其国际经济活动的参与能力、与他国和国际组织的关系以及在其他国际领域行使权力的能力。从传统角度来看，国家形象主要是依靠自身的实力与行为来树立的。但是在信息网络技术迅速发展和广泛应用的时代，国家形象在很大程度上是信息传播的结果，是国家与外部世界在信息传播领域不断博弈的结果，即使是最强大的国家也不例外。任何攻击国家形象的负面信息只要通过卫星电视和广播以及互联网络传播，几乎全世界所有国家的人民都能看见，将严重影响被攻击国的国家形象，同时也对被攻击国的政权稳定以及对外政策的实施造成不可估量的破坏性效应。

在信息网络技术高度发达的当今时代，我们需要提高警惕，防范一些别有用心的国家、组织、团体甚至个人，利用信息网络技术制造和传播别国的不实信息，肆意歪曲和破坏他国形象，用以实现他们的邪恶目的。

二、信息安全已成为国家经济安全的重要前提

在传统安全领域，经济安全在国家安全中占有极为重要的地位。从经济安全的内涵来分析，经济安全主要是指维护国家经济的持续、稳定、健康发展和国家经济利益，不受内外界的干扰、侵犯和破坏；从外延看，经济安全是指经济全球化时代一国保持其经济存在和发展所需资源有效供给、经济体系独立稳定运行、整体经济福利不受恶意侵害和非可抗力损害的状态和能力。

随着信息网络技术的发展，利用信息网络进行的经济活动日益频繁，范围也日益广泛。经过多年的努力，我国已经基本建立起了经济、科技、银行、铁路、民航、海关等众多系统的信息网络基础设施。但是，由于很多无法克服的技术漏洞和安全缺陷，再加上许多人为的破坏，在短短十几年的发展中，网络信息系统暴露出极大的安全隐患，很大程度上增加了社会经济的不安全因素。如果这个信息网络系统中的任何一个环节发生问题，都将影响我国的经济安全。[1]信息安全对经济安全的影响主要表现在：

（一）信息安全关乎国家经济安全的全局

信息化时代，信息已经成为人类社会最宝贵的战略资源，经济社会的发展对信息资源和信息技术的依赖程度日益提高。一方面，随着信息技术革命的发展和整体信息化的深入，社会经济形态也将发生根本性的变化，逐步从工业经济向知识经济转变；另一方面，世界经济全球一体化的趋势，迫使各国在开放的大环境中增强与其他国家的经济交流与联系，经济信息已成为国家经济活动中不可缺少的重要纽带。因此，经济信息安全便自然成为经济安全的核心，它保证着产业结构、就业人员结构和产品结构等的合理改造和优化组合，保护着工业、农业、商业、科技中的秘密以及金融、外贸和经济战略的安全，从而保障着国民经济健康有序的发展。一旦国家的机密经济建设信息被泄露或破坏，那么其经济安全也将遭到威胁，国家安全也就随之受到损害。更严重的是，通过计算机网络破坏信息资源中的经济信息体系，如金融信息体系，可以直接威胁到经济安全，甚至能置一个国家于死地。因信息安全出问题而威胁经济安全的案件屡见不鲜。美国因计算机犯罪平均每年损失上百亿美元。可见，信息不安全，经济安全也就得不到保障，信息安全关乎国家经济安全的全局。

（二）我国信息产业发展状况引人担忧

信息技术的飞速发展，不仅为经济持续稳定增长提供了强大的物质技术基础和手段，而且造就了经济发展的新增长点——信息产业。信息产业

---

[1] 王强：《论信息安全在国家安全中的战略地位》，山东师范大学硕士学位论文，2006年，第12页。

具有强大的渗透性、关联性和扩散性，它的健康快速增长，会带动整个国民经济的持续稳定发展。

只有信息产业发展安全，信息才能安全，我国的国民经济才能安全运行，国家安全才有保障。但是，我国信息产业的发展状况引人担忧。目前，我国信息产业的自主开发能力还很低，许多核心部件仍为原始设备制造商所垄断，核心技术的开发仍然受制于人。工业和信息化部有关工作人员介绍，2004年，微软公司的Windows操作系统一度占据中国市场的95%。目前，Windows操作系统和Office办公软件系统在我国仍占据了80%的市场份额，国产中文办公软件发展严重滞后，并且很难与微软公司的软件相抗衡。

这一情况意味着目前我国绝大多数的电脑用户在日常工作、生产及生活中都将离不开微软公司的Windows操作系统和Office办公软件，一旦失去这一操作平台，国产的大部分软件都将无法正常运行。在智能手机运用领域更是如此，不管是IOS系统还是Android系统，核心技术都掌握在美国手里。一旦这些手机里带有后门或者间谍软件，后果将不堪设想。而且国外大型跨国公司为抢占和控制我国的信息产业市场，采取各种手段，高薪雇用我国有关人员，充当他们打开市场之门的先锋，在激烈的竞争中抢占有利地位。更为可怕的是，我们对发达国家或跨国公司提供的关键装备中可能事先做的手脚无从检测和排除，这将造成既花费了大量资金又买来了经济运行中的隐患，买来国家不安全的严重后果。比如某些进口设备中留有"后门"，在需要的时候，通过网络发送指令启动"后门"，就可以随便侵入国家或企业的经济信息系统，收集经济情报，破解商业秘密。可见，在目前我国信息产业发展水平较低且受制于人的情况下，信息产业自身的安全无法保障，信息安全岌岌可危，整个国家的经济安全也存在巨大隐患。

（三）网络经济犯罪严重威胁国家经济安全

信息技术的发展促进了全球电子商务的突飞猛进，企业、银行，甚至国家的经济业务大体都实现了网络化，世界经济正在飞速进入网络经济时代。人们在享受互联网带来的便捷的同时，往往忽略了它带来的危害，正因为如此，信息网络在为人类带来巨大经济效益的同时，也使违法犯罪分子谋取巨大非法经济利益有机可乘，网络经济犯罪应运而生。

网络经济犯罪主要是指犯罪个体以网络为载体，以计算机软件、硬件及其信息网络为侵害对象，通过信息采集、发布、扩散等活动，实施的危害国家经济制度，扰乱市场经济秩序，侵犯国家、集体及他人合法财产安全的行为。网络经济犯罪的形式多种多样、防不胜防：有的以非法复制、出版、传播等形式，侵犯他人知识产权牟取暴利；有的通过网络电子商务活动进行洗钱活动，将其非法收入合法化；有的通过互联网组织赌博活动；有的通过网络将非法程序，如间谍软件、木马病毒安装到他人的计算机系统中，收集和获取商业秘密。犯罪手段的专业化、智能化，犯罪空间的虚拟化、扩散化，犯罪行为的隐蔽性等特点让网络经济犯罪的危害大大增强。

日益猖獗的网络经济犯罪，扰乱了我国市场经济秩序，破坏了国民经济健康运行的外部环境，给银行、企业、个人的财产造成了重大损失，最终严重威胁着国家的经济安全。

三、信息安全是军事安全的重要保障

传统意义上的军事安全，主要是指国家运用军事力量捍卫国家安全，维护国家主权完整和长治久安，保卫人民生命财产，为国家发展和人民生活提供一个相对稳定的内部和外部环境。信息技术革命的迅猛发展引起了军事领域的巨大变革，军事安全面临着许多新的问题和挑战。

一般而言，先进的科学技术往往率先运用于军事领域。因此军事领域是信息需求较为广泛、应用最为集中的领域。随着信息技术在军事领域的广泛应用，战争形态发生了全新的变化，不管是军事理论还是作战样式都在发生深刻变革。在信息时代，军事领域的各种信息攻防手段快速发展，信息系统与网络成为新的作战要素，网络空间正在成为关乎国家安全的重

要战场。[1]美国著名军事学家詹姆斯·亚当斯在其所著的《下一场世界战争》中预言:"在未来战争中,计算机本身就是武器,前线无处不在,夺取作战空间控制权的不是炮弹和子弹,而是计算机网络流动的比特和字节。"冷战后世界上爆发的几场局部战争均显露出信息化战争的明显特征。在阿富汗战争和伊拉克战争中,进攻一方都是首先通过控制战场的制电磁权而对防御一方实施信息压制。未来随着信息技术在军事领域的更为广泛的运用,各国在维护国家军事安全方面将会面临更严峻的挑战。如何在新时期更好地维护我国的国家主权和领土完整,对于我国而言已经箭在弦上,只有不断推进中国信息安全建设的战略决策,充分提高信息化条件下的防卫作战能力,才能更好地维护国家利益。

(一)信息威慑战略对军事安全的影响逐渐凸显

威慑是指以综合实力为依托,通过力量、决心和可信度的展示,造成一种战略上的对敌高压态势,使敌方因担忧难以承受的后果而放弃对抗的斗争策略。它是人类社会普遍存在的一种斗争形式,存在于政治、经济、军事、外交、文化等领域中,以军事威慑最为典型。有效的威慑,可以最小的代价获得胜利,因此古往今来的政治家和军事家都十分重视发挥威慑的作用。随着人类向信息时代迈进,信息网络已遍布全球每个角落,渗透于包括军事领域在内的各个领域。由于网络的攻击手段多、破坏性大,所以信息威慑已引起各国高度重视。信息威慑是以信息技术及其设施为物质载体,以敌方的作战意志,特别是决策层和指挥层的决策、指挥意志为作用对象,凭借强大的信息作战能力,影响对方的指挥与控制,从而达到不战而屈人之兵的目的。

信息威慑的主要形式有:通过新闻媒体发布信息、组织军事演习等宣扬高技术信息兵器的技术效能和杀伤威力,以震慑敌方心理,征服其意志;通过先进电子侦察手段,全方位掌控信息主导权,使战场对一方单向透明,另一方则不了解战场动态,从而在心理上放弃抵抗;在国际社会中展开全

---

[1] 李仲良:《信息时代的国家安全与信息安全研究》,载《现代情报》2008年第12期,第81页。

方位的宣传，宣扬己方进行战争的正义性，使对手陷入失道寡助、众叛亲离或群起攻之的绝地，从而主动放弃战争等。

（二）变幻莫测的网络信息战，威胁国家军事安全

信息战的方式多种多样，主要包括网络战、心理战、电子战三种形式。其中网络战是信息战的主体，简称网络信息战。广义上，网络信息战既包括平时也包括战时，范围覆盖政治、经济、军事等国家生活的各个领域。本文中所说的网络信息战主要是指战时军事领域或与战争有关的网络战，即指敌对双方通过民用或军用网络，利用计算机技术侦察、获取、干扰、破坏对方指挥系统、武器系统及人事、组织、后勤等系统中的重要信息，从而达到影响、加速甚至决定战争进程的行为。网络信息战直接威胁到交战双方的安全，关系到战争的胜负，可以说是战争在网络信息空间的延伸和表现，是具体作战的一部分。网络信息战主要通过以下手段实现：1.集中攻击敌方信息系统关键结点，分解敌方统一的信息网络，破坏敌方的信息集成系统；2.阻塞敌方信息流，使敌方指挥系统无法收集信息，无法下达军令，使中枢控制系统耳目闭塞；3.直接侵入保密信息的存放服务器，销毁或修改网络上的机密信息资源，达到破坏信息资源和扰乱指挥系统的目的；4.窃取国家最高决策层或军事要害部门的机密文件、敏感数据、网络指令等，获取可靠情报；5.深入敌方网络内部，安置木马、病毒、逻辑炸弹，或通过电子间谍源源不断地向一方提供对方的信息情报，或在战机成熟时引爆病毒，使敌方指挥控制中心瘫痪。[1]

（三）网络间谍攻击与军事泄密，危及军事安全

随着信息网络深入社会生活的方方面面，军用网络和民用网络的界限越来越模糊，且相互依赖，这给了黑客领域里的网络间谍更大的发挥作用的空间。在平时，网络间谍不仅攻击、破坏民用系统，破坏国民经济，而且还通过民用系统对军事系统进行致命的打击。美国国防部国防信息系统局认为，目前美军95%的军用通信要依赖民用通信系统。这表明，破坏

---

[1] 王强：《论信息安全在国家安全中的战略地位》，山东师范大学硕士学位论文，2006年，第23页。

其军队的数字化通信网络，既可通过军用通信网络直接实施，也可借助民用通信网络间接实施。打击力量可能来自敌对国家的武装力量、有组织的非武装力量、非政府组织和个人。事实正是如此，以至于五角大楼的高级专家曾呼吁：请电脑黑客停止向五角大楼的恶意攻击。大量网络间谍无休止的攻击给美国的军事安全带来了巨大危害。要在技术上完全拦截网络间谍的攻击，几乎没有可能，谁也不能保证自己的网络系统不存在任何安全漏洞，正所谓"道高一尺，魔高一丈"。实际上最保密、保护措施最完备的系统也可能遭到网络间谍的攻击。在网络战爆发时，网络间谍出于自己的政治信仰、良心、爱国主义情感或其他原因，往往会对战争中的某方发动比平时更为猛烈的攻击。他们虽然不能决定战争的胜负，但足可以在一定的时空范围内给敌方造成很大的损失，其作用不容低估。

（四）"制信息权"对战争胜负意义重大

古往今来，战争各方总是希望在占有充分、完备信息的情况下进行决策，"知己知彼，百战不殆"是对这种思想的经典概括。可见，信息对战争进程和结局具有重大影响，谁具有信息优势，谁就能在军事对抗中占据有利地位。在信息技术广泛应用于军事领域的情况下，信息的重要性更加凸显，信息对于军队就像大脑对于人体一样重要。

在信息技术时代，战争的结果已不再主要取决于战争各方投入的资源、人力的多少，而是主要取决于谁在整个战争中对信息掌握得更多、更准确，谁对信息利用得更好，即取决于"制信息权"在谁手里。所谓"制信息权"，就是能够收集、处理和分发不间断的信息流，同时剥夺对方精确获取、处理、传递信息的能力。夺取"制信息权"，就是夺取信息的获取权、控制权和使用权。能否夺取"制信息权"，将成为战争胜败的关键。"制信息权"在战争中的作用表现在：一是通过夺取并保持信息优势，能为指挥员提供准确、实时的战场信息，使指挥控制与战场实际相融合；能使己方的信息在战场上大量和及时流通，极大地促进各方作战力量的纵向和横向联系；能使战场各种物质和能量在信息的支配下，得到合理配置和有效利用，以释放出最大的作战效能。二是通过对敌方进行信息压制，使敌方丧失战场主动权，加速敌方失败。

四、信息安全成为影响我国金融安全的重要因素

金融业是现代经济的核心，金融安全是国家经济安全极为重要的方面。随着国民经济和社会信息化进程的快速发展，信息技术在金融领域得到了广泛应用，网络与信息系统的作用日益增强，已经成为金融业的关键基础设施。

这一方面极大地提高了金融市场的覆盖领域和运作效率，给广大客户提供了更为便捷的金融服务，也给金融业的发展带来了重大机遇；另一方面金融安全变得更容易受到攻击，比以往任何时候更脆弱。从目前现实情况来看，我国金融安全所受的威胁主要来自以下几个方面：

第一，计算机软硬件系统的非自主性研发带来的威胁。由于目前我国自己的计算机硬件设施、系统软件、加密技术和密钥管理技术及数字签名技术相对落后于金融电子化发展的需要，因此我国所用的计算机软硬件设施及技术主要依靠美国进口，万一进口的软硬件系统带有"后门"，后果难以想象。

第二，互联网金融诈骗。网上诈骗的手法是多样的，"网络钓鱼"最为常见。比如有的犯罪分子设立虚假的网络银行网站，这些虚假网站的网址与真正的网络银行的网址只有极其细微的差别，网络界面则惊人地相似，当用户通过虚假网络银行进行交易时，自己的账号和密码则被犯罪分子轻而易举地窃取，危害到用户的资金安全。

五、信息安全成为影响国家文化安全的关键性因素

Web2.0 时代，博客、社区、微博等网络交流工具的相继涌现并日益普及，带来了信息传播模式的重大变化，这一变化使信息流动更加便捷和

畅通，加速了各国文化的传播与交流；同时信息传播广度和深度的变化也使一些国家面临维护本国文化安全的问题。

一些信息强国借助自身的便利条件，利用自己掌握的信息技术优势操纵文化传播媒介，试图将其价值观强加于目标国，对目标国倾销其文化产品，最终导致目标国文化产业遭受严重冲击，导致本土传统文化面临被"空心化"和"边缘化"的危险。因此，信息安全在一定程度上能改变一个国家的命运，不能不引发我们更深层次的思考，尤其是如何在信息化时代充分运用本国信息手段的优势，传承和发展各种优秀文化传统，在保持文化独立性的基础上，维护和促进世界文明的多样性，有效地维护本国的信息安全，应成为众多主权国家共同关注和解决的重大问题。

不同的国家和民族在特定的地域范围内，经过长期的历史发展，形成了各具特色的文化。这些文化在凝聚国家力量、构建民族认同中发挥着不可替代的作用，是一个国家、民族生存和发展的根基，也是与其他国家和民族相区别的标志。最初，一个国家或民族的文化是在一个相对封闭的范围内独立成长的，随着生产力水平的提高，特别是交通工具和通讯工具的发展，不同国家和民族之间的文化交流也越来越普遍。在向信息化社会迈进的过程中，信息化的发展一方面大大推进了不同文化之间的交流，使全人类共同的文化财富和共同的价值观念比以往任何时代都多；另一方面信息化发展的不平衡所带来的"信息位势差"，使得在文化交流过程中，不同文化的地位有很大差别。尤其是夹杂在交流过程中的一些"文化霸权主义""文化帝国主义"的观念和行为，使得弱势文化逐渐被强势文化所同化。价值观念日益混乱，民族和国家认同感也不断被削弱。这直接威胁到了一个国家的文化安全乃至国家安全，不得不引起人们的反思。

文化安全是国家安全的一个重要领域，是指国家防止异质文化对本民族文化生活的渗透和侵蚀，保护本国人民的民族传统文化、意识形态、价值观念、行为方式、风俗习惯等不被重塑和同化的安全。文化安全是相对于"文化渗透""文化控制"而言，是一种相应的"反渗透""反控制""反同化"的文化战略。信息网络技术的高速发展及其在文化领域的广泛应用，对一个国家的文化安全产生了重大影响，主要表现在以下领域：

（一）文化入侵危害别国文化安全

阿尔温·托夫勒在《力量转移》中说："世界已经离开了依靠金钱与暴力控制的时代，而未来世界政治的魔方，将控制在信息强权的人手里，他们会使用手中所掌握的网络控制权、信息发布权，利用强大的语言文化优势，达到暴力与金钱无法征服的目的。"

国际关系现实主义理论大师摩根索在《国际政治学》中指出，"我们所谓的文化帝国主义，是所有帝国主义方法中最灵巧、最成功的帝国主义……它的目的不在于领土的征服，也不在于控制经济命脉，而在于征服并控制人们的心灵，借以改变两国间的权力关系。假若我们能够设想 A 国的文化，尤其是 A 国的政治思想连同其一切具体的帝国主义目标，征服了一国所有决策人物的心灵的话，那么 A 国将已赢得了一项较之任何军事征服者或经济征服可能赢得者更完全的胜利，同时 A 国的优越地位也将建立在更稳定的基础上。A 国将无须施以军事威胁或使用武力或经济压力，以完成其目的；因为那种目的——是 B 国服从 A 国的意志——由于 A 国优越文化的说服力以及更具有吸引力的政治哲学，将早已实现了。"

这两段话是对"文化霸权主义""文化帝国主义"及其危害所做的最恰当的解释。在信息网络技术高速发展和广泛应用的背景下，借助于卫星电视和广播、互联网络等现代信息传播媒介，世界各国的信息可以频繁地进行无国界的流动，使文化的传播和发展进入一个全新的时代。但是这并不意味着异质文化之间可以平等地对话，反而为"文化霸权主义""文化帝国主义"的泛滥提供了更好的土壤，使文化传播和发展的不平衡状况更加严重。尤其是在互联网上，西方文化覆盖全球，英语是主导性语言，绝大部分信息是用英语发布的，网上内容英语占 90%，法语占 5%，其他世界众多的语言只占 5%。"只要你一进入国际互联网，你的电脑屏幕上显示的是英语，你进入的讨论组大多数是美国人发起的，讨论的题目是他们想出来的,你看的广告几乎全是美国产品的广告。一句话,进入国际互联网,就是进入了美国文化的万花筒。"

这种状况使得一方面以美国文化为首的西方文化占据了文化的霸权地位,主导着世界文化的发展模式和趋向;另一方面,令弱势文化的拥有者感到恐惧,弱者无法利用网络媒体向外传播自己的文化种子,甚至在被受到诸如落后愚昧的攻击时也无法进行反驳。比这更可怕的是一个国家或民族文化的核心可能被强行改变,文化的独立自主性被大大削弱。[1]

由此可见,一个国家在无力维护自己的信息安全的情况下,文化安全必然也无从保障,整个国家安全也处于一种长期的威胁之中。

(二)社会主义意识形态容易受到冲击

信息网络的最大特点在于它的极度自由,而这种自由是超越国界的。西方发达国家凭借其雄厚的技术和经济优势,利用信息网络带来的一切便利大肆散布各种不同政治偏见,利用计算机技术制造、歪曲事实,而由于互联网络的结构及其技术的特殊性,国家和政府很难控制这种行为。与此同时,由于网络信息的跨国传递不受任何传统控制形式的约束,对意识形态的影响将超过至今为止任何一种传统媒体。在不平衡的信息流动中,信息输出大国通过在网上推行新的政治、文化的"殖民扩张"政策,加强对我国社会主义意识形态的渗透。由于我国政府长久以来对意识形态的控制力主要集中于传统媒体领域,对互联网这种意识形态斗争的新领域还缺乏足够的经验,使得我们在国际意识形态斗争中处于非常不利的地位。

(三)社会主义核心价值观和道德准则遭遇挑战

近几年来我们开始加强在社会主义核心价值观上的建设,打造社会主义自己的核心价值理念,抵御来自外部的文化渗透。从一般意义来讲,社会主义价值观念是一种与资本主义价值取向相对立的、以实现共产主义为最高价值目标、以最广大人民群众的最大利益为价值标准、由一整套以集体主义为核心的价值规范体系构成、为社会主义国家广大群众身体力行的价值观

---

[1] 王强:《论信息安全在国家安全中的战略地位》,山东师范大学硕士学位论文,2006年,第18页。

念。这是我国屹立于世界民族之林和进行社会主义现代化建设的精神支柱。

由于西方发达国家在信息网络领域占据着极其明显的优势，它们充分使用本国软实力，借助电影、电视、音乐、书籍、电脑游戏、软件等传播方式通过互联网渠道大肆宣扬资本主义的价值观，使得功利主义、个人主义、利己主义、实用主义等不良思想泛滥成灾，种族主义、民族歧视、色情信息、宗教仇恨等不良信息在网上畅通无阻，从而渗透到我国每一个网民的思想意识中，最终影响他们的价值取向，这势必对社会主义核心价值观和思想道德观造成不容忽视的冲击。

六、信息安全成为影响普通个体信息安危的关键因素

如今的人们身处这样一个用信息作为时代标志的年代，不管你再怎么设防，或许都无法避免自己的信息被情愿或不情愿地采集、使用以及泄露。每每遭遇这样那样的"泄密门"，[1] 人们总会忍不住抱怨甚至愤怒，但现实的情况却可能是，那些我们的私隐信息，是否可能就从未安全过？从这一系列的泄密事件来看，信息安全问题现在也是岌岌可危、劫数难逃。此番"泄密门"的旋涡不断扩大，只是再一次让人们打量和拷问互联网信息安全的严峻性。

随着网络应用的逐渐深化，个体与网络的连接几乎处在不间断的状态下，因此，在恶意程序猖獗的今天，用户的个人信息安全就变得岌岌可危，一旦用户的数据被盗取或者泄露，将引发一系列的问题，因为这些数据不仅关系到用户自身的隐私和财产，还将关系到用户的切身利益。数据泄露不仅会造成用户隐私权以及财产的重大损失，更为关键的是数据被窃取后的种种困扰也将随之而来。特别是一些在政府机关或者涉密部门的工作人员，信息泄露，不单单是个人的问题，甚至影响到国家层面的信息泄露，将造成极为严重的后果。

---

[1] 新浪网（http://news.sina.com.cn/pl/2011-12-30/064923720784.shtml）。

第三章 2005~2011年信息安全领域的新特点

人们往往喜欢用网络时代来形容当今的世界，互联网技术虽然诞生于上个世纪，但真正获得较快的发展还是在进入21世纪以来，而2005年到2011年更是互联网技术飞速发展的年代。在这一阶段，信息安全领域特点的变化可以说是让人应接不暇，大大超出人们的想象，当年的特色，许多已经成为了今日的主流，接下来我们就一起关注信息安全的新特点。

第一节　2005年信息安全领域特点

2005年，可以说信息安全与国家安全开始初步产生越来越紧密的作用，于是各国以及一些组织投入的力度逐渐加大。也就是在这一年，信息安全领域出现了许多新的特点，信息安全问题开始成为无处不在的隐患与威胁，主要表现在以下方面：

一、"MSN性感鸡"让网络提前遭遇"禽流感"

2005年，禽流感席卷全球，让人闻鸡色变。而网络上的"禽流感"更是早于现实，从2月3日开始，席卷全球互联网。2月3日上午，大量MSN用户发现一个名为"MSN性感鸡"的病毒迅速在互联网上疯狂传播。MSN用户感染后会向所有好友发送病毒文件。"MSN性感鸡"除了利用MSN向外界发送病毒文件、消耗系统资源外，还会在中毒电脑里放置后门程序，使黑客可以远程控制该电脑，从而使用户面临极大的安全威胁。[1]

二、"狙击波"，一种与时间赛跑的病毒

2005年8月15日，一种新的病毒出现了，它被称为历史上最快利用微软漏洞攻击电脑的病毒，它的名字是"狙击波"，危害程度直指当年的震荡波。在随后的24小时内，"狙击波"变种迅速，出现多个变种，给相对平静的2005年网络环境带来阵阵涟漪。该病毒源自欧洲芬兰，之后在欧洲迅速流传。其后在美国蔓延，美国国会、美国有线电视台（CNN）、美国广播公司（ABC）、《纽约时报》等重要企业和政府机构遭受此次蠕虫狂潮的袭击，并造成部分网络瘫痪。在中国国内，华南地区尤其是广州地

---

[1] 国际关系学院国际战略与安全研究中心：《2005—2007年中国国家安全概览》，三联出版社，2007年版。

区的个人及企业用户中毒的较多。

三、手机病毒开始泛滥

自从 2004 年 6 月第一次发现在手机上传播的病毒以后，手机恶意程序的数量大幅提升。目前手机病毒主要采用蓝牙、电子邮件、链接 PC 以及浏览互联网下载安装软件等多种方式传播，以损坏联系人名单、损耗电池、盗取资料和浪费话费等破坏为多。目前发现在手机上传播的病毒已经高达 102 个。

四、金融机构成为"网络钓鱼"首选对象

2005 年，美国超过 300 万的信用卡用户资料外泄，导致用户财产损失，同时，中国工商银行、中国银行等金融机构先后成为黑客们攻击的对象，设计了类似的网页，通过"网络钓鱼"的形式获取利益。这一现象在 2005 年以平均每个月 73％的数字增长，使很多用户对于网络交易的信心大减，各家银行对于网络交易安全提高警惕。

五、流氓软件引发民众愤怒

2005 年，间谍软件已经大面积闯入了我们的网络生活中。间谍软件在 2005 年增长非常迅猛，占到了整体互联网危害的 25%，已开始成为影响用户互联网使用的最大威胁。它能够监控企业用户的上网习惯和机密信息，然后在企业毫不知情的情况下把这些信息传送给第三方。间谍软件从以前单一的收集用户信息和盗取有价账号等方式扩展到恶意广告。恶意广告的典型特征为：悄悄安装；不易卸载；保护自己使用低层技术与多种软件冲突；随时随地弹出骚扰广告。而目前在国内用户被侵扰最多的间谍软件就是恶意广告和

盗号木马。90%以上的网民都直接或间接地受到此类间谍软件的侵扰。

六、中国发生大面积的断网事故

2005年4月11日22点左右，一起全国性的断网事故发生了，大批习惯于网络生存的网民们被硬生生地拽出虚拟世界，紧接着各地的电信系统报障电话迅速接到了大量用户的投诉。3个月后，7月12日下午2时许，承载着超过百万规模用户的北京网通ADSL和LAN宽带网突然同时大面积中断，大约20万北京网民因受这次事故的影响而无法正常上网。事故发生以后，众多网民通过各种渠道，表述自己对网络安全的质疑，这其中也有对相关设备使用的疑虑，调查结果显示，超过70%的网民认为，如果我国电信部门在关键设备上过度使用国外产品，必将带来网络安全问题。

第二节　2006年信息安全领域特点

2006年的信息安全领域，依然面临无处不在的隐患与无处不在的威胁，风险评估、风险控制、风险管理被不断地提及并被提升到一个更高的层面。随着技术的发展，这些威胁不断通过各种方式得以强化。2006年的信息安全发展已远远超出传统模式，与国家安全形式紧密结合，呈现出一些新趋势，国际社会应高度关注。

一、2006年电脑病毒的感染率呈爆炸式增长

由于制作工具的泛滥，病毒变种增多。随着计算机技术的普及，病毒的制作也逐渐呈现商业化的运作。某些制作者小组甚至可以根据使用者的要求为其提供针对特定目标的专门版本。病毒程序的模块化使得病毒制作的门槛降低，很多具备一定计算机应用能力的用户可以根据自己的需要对其自

行组合。因此2006年病毒的变种迅速增加，以典型的"灰鸽子"木马为例，高峰时期几乎每天增加十余个不同变种，迄今为止共出现了一万余种变种。而且这类木马往往通过自我升级功能频繁地进行更新以对抗杀毒软件。

病毒制作产业化的趋势在病毒的传播范围上也有所反映，2006年病毒制作者不再追求大面积的传播，而是特定的有针对性的小面积爆发。同时，制作者通过采用新技术，如不断为其病毒制造变种来躲避反病毒软件的查杀。[1]

二、网游、网银盗号现象愈演愈烈

综合2006年的信息安全形势，经济利益毫无疑问已经成为病毒制造者最大的驱动力，病毒制造者已经不再是以炫耀自己的技术为目的，也不再是单打独斗，而是结成了团伙，有的人负责盗取银行或网游账号，有的人负责销赃，从而形成了其专有的分工合作模式。在国际互联网上，向专门发送垃圾电子邮件的人出售一个"垃圾邮件包"即可获利——无怪乎各类盗号病毒层出不穷。

这类病毒的传播不再是漫无目的的，而是具有鲜明的指向性。例如通过游戏网站、网游外挂网站传播木马病毒，盗取用户的相关信息。

在2006年截获的各类病毒中，专门盗取网银以及网游等网络财产和QQ号的木马占了51%，这类病毒相对去年有明显增长，可见病毒的绝大部分变化都是围绕此中心展开的，它已经成为众多网民面临的第一大威胁。

三、利用"钓鱼"网站等形式诈骗用户资产

"网络钓鱼"今年也是层出不穷，该类病毒占到金山毒霸杀毒软件截

---

[1] 国际关系学院国际战略与安全研究中心：《2005—2007年中国国家安全概览》，三联出版社，2007年版。

获总数的 5.45%。诈骗者通常利用伪装的电子邮件和欺骗性网址，专门骗取用户财务数据。据分析，"网络钓鱼"今后将成为困扰个人用户安全问题的一大热点。

目前"网络钓鱼"出现了一种新的伎俩，他们使用一种动态的 JavaScript 代码，而不仅是过去所用的静态的假地址栏图像。攻击者通过 JAVA 程序更改地址栏，修改中毒用户的浏览器，从而可将其诱骗到显示为银行官方站点的假网站，欺骗用户登录达到盗取账号的目的。

四、以劫持等手段敲诈用户

2006 年 6 月，国内发现首个"敲诈"木马，该病毒会中止用户系统中常见的杀毒软件进程，并试图隐藏用户文档，让用户误以为文件丢失，病毒乘机则以帮用户恢复数据的名义要求用户向指定的银行账户内汇入定额款项，以达到敲诈钱财的目的。该木马已经相继出现了多个变种，这也是国内首次出现这一类病毒。而"新敲诈者"木马病毒在未经用户许可的情况下偷偷将硬盘上文档文件上传，会造成用户的文件资料泄漏，对用户的商业机密造成极大威胁。

五、蠕虫病毒泛滥，企业内网安全面临新的危机

2006 年，蠕虫病毒成为企业内网的噩梦。蠕虫"维金"是一种运行在 Windows 平台下，集成"可执行文件感染""网络感染""下载网络木马及其他病毒"的复合型病毒，若用户不幸感染该病毒，将会面临系统瘫痪、信息泄露等多重威胁。该病毒自 6 月 2 日被金山毒霸软件率先截获以来，截至 6 月 8 日 16 时，受攻击个人用户已由 3000 多迅速上升到 13647 人，数十家企业用户网络瘫痪。检测结果显示，2005 年被首次发现的"维金"病毒在 2006 年下半年开始发威，病毒具备了木马和蠕虫的

双重特征，并且能够通过网络传播，众多中小企业局域网被该病毒攻击瘫痪。

构成"僵尸网络"重要成员的"高波"（Worm.Agobot.b）病毒通过多种系统漏洞进行传播，感染能力很强，常驻内存，利用系统多种漏洞和通过远程攻击弱密码系统进行主动传播，蠕虫还会连接IRC服务器，接收并执行黑客命令，使被感染计算机成为"僵尸电脑"。病毒传播过程中，会发送大量网络包，用于扫描局域网内存在漏洞的计算机，可以导致局域网拥堵甚至瘫痪。

六、流氓软件与病毒相互捆绑，利益共享

2006年病毒的传播渠道呈现更加多样化的趋势。在共同的商业利益驱动下，恶意软件和病毒结成联盟，互相捆绑，对用户造成极大困扰，致使99%的互联网用户，都受到流氓软件的侵扰。

恶意软件虽然不具有像病毒一样自动传播和恶意破坏的行为，但它通常通过网页下载、软件捆绑安装等方式悄悄地侵入用户系统，并且具有自动升级、高度隐藏、难以卸载等特点。许多病毒、木马与恶意软件相互捆绑，前者利用后者无孔不入地侵入用户的系统，后者则借助前者极强的传播性在更大的范围内扩散。[1]

2006年，流氓软件越来越多地利用底层驱动保护等技术来对抗防病毒软件的查杀，这也说明两者在进一步互相渗透与融合。

由下图可见，2006年中国的信息网络安全不容乐观，依然存在着许多威胁到广大人民群众以及国家安全方面的因素。

---

[1] 金山：《中国互联网2006年度信息安全报告》，（http://article.pchome.net/181223_1.html），2007年2月8日。

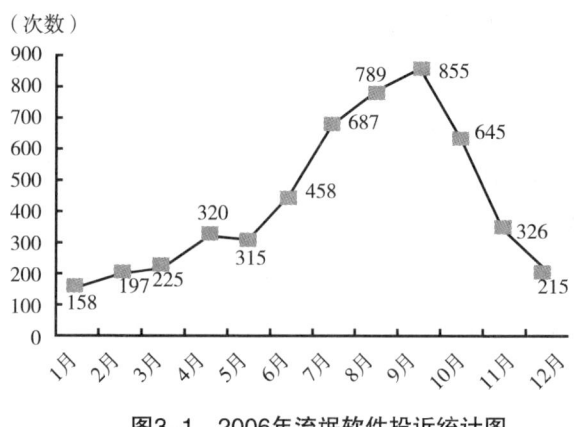

图3-1 2006年流氓软件投诉统计图

第三节 2007年信息安全领域特点

不管互联网与计算机技术如何发展,安全话题却恒久不变,2007年出现的台湾"网络间谍事件"为我们敲响了警钟,让我们重新审视信息安全问题,我们不仅要应对病毒对信息安全的破坏,更应当重新审视网络间谍对国家信息安全的威胁,由此可见,2007年信息安全的发展已远远超出传统模式,与国家安全形式紧密结合,呈现出一些新趋势,国际社会应高度关注。[1]

一、计算机病毒/木马仍处于一种高速"出新"的状态

2007年,杀毒软件公司金山公司共截获新病毒/木马283084个,较2006年相比增长了17.88%,病毒/木马增长速度与2006年相比有所放缓,但仍处于大幅增长状态,总数量还是非常庞大的。下图为近几年来的新增病毒/木马数量对比:

在新增的病毒/木马中,盗号木马仍然占首位,新增数量多达118895

---

[1] 李宝民、黄日涵:《2005-2007年中国国家安全概览》2007年中国国家信息安全篇,三联出版社,2008年版。

个，黑客/后门病毒、木马下载器紧随其后，这三类病毒构成了互联网黑色产业链的主体。

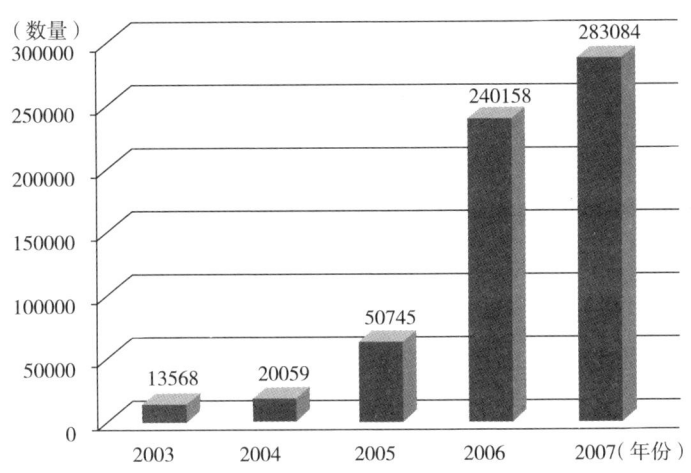

图3-2 近几年新增病毒/木马数量对比示意图

二、病毒"工业化"入侵凸显病毒经济

病毒/木马背后所带来的巨大的经济利益催生了病毒"工业化"入侵的进程。2007年上半年，金山对外发布了病毒木马产业链的攻击特征，在此阶段，病毒木马的攻击通常是针对单个计算机的攻击行为。攻击的手法，一般利用社会工程欺骗的方式，发送经过伪装的木马以及通过网页实施挂马构造大面积的陷阱。这种攻击需要受害者"配合"，比如需要用户去浏览相应网页或接收和执行相应的程序。

2007年下半年，一种新的病毒木马攻击手法被广泛利用，攻击过程完全由攻击者一方发起，而且能够获得很高的成功率。他们利用扫描器发现开放端口的联网主机，再使用一种被称为"种植者"的黑客工具，攻击存在这种漏洞的计算机，直接获取远程计算机的管理权限，命令远程主机下载并执行恶意程序。然而，还不仅仅如此，一种"工业化"的入侵手段已经在黑客圈广为流传。攻击者把上面那些攻击流程完全自动化，扫描端口、远程入侵、下载木马完全自动化，抓取"肉鸡"效率仅取决于用于发起攻击的计算机性能和网络带宽。

对于攻击者来说，在互联网寻找目标并非难事——很容易找到没有采取任何保护措施的盗版 XP 系统，大量只关心使用不关心安全的电脑使用者。对于这样的系统,需要安装网络防火墙来应对"工业化"的病毒攻击，比如安装金山网镖，可以防止本机被远程攻击成功。这里需要指出的是，Windows 防火墙的缺省设置对此类攻击完全没有抵抗能力。

三、电脑病毒以及木马传播的 Web2.0 化

Web2.0 给网民带来全新的上网体验，Web2.0 的内容来源不再由少数专业人士发布，任何人都可以成为内容源的发布者，这为那些别有用心的攻击者提供了更多的机会——各种恶意代码以热门事件为幌子被传输到网络上等待被下载。众多博客、BBS、社区、视频网站成为病毒泛滥和传播的温床。

Web2.0 程序本身存在的威胁也是新的安全课题，安全厂商注意到 MySpace 蠕虫和百度空间蠕虫是新蠕虫的代表。跨站点脚本攻击，变得越来越普及，因为黑客们已经发现了这类攻击的作用和好处。攻击者可以在用户毫不知情的情况下造成许多危害，其中包括强迫 PC 下载非法内容、侵入其他 Web 站点或发送电子邮件等。利用 AJAX 在后台无声无息地传递数据，这种行为很难被发现，为 AJAX 蠕虫隐身传播带来了绝佳的便利！其中百度空间蠕虫源码已经公布。对于普通的电脑用户来说，根本无法从众多内容源中区分威胁。[1]

---

[1] （http://soft.yesky.com/securityw/aqzxx/277/7775777_3.shtml）。

四、黑客技术与病毒技术的广泛协作

2007年ARP病毒广为人知,其实在更早的时候,ARP攻击行为已经令企业网管头疼不已。比较常见的是部分"传奇盗号木马",当局域网中某台计算机中了这个木马,会向局域网发送大量ARP数据包,该木马对局域网的影响超出了盗号造成的破坏,表现为网络通信时断时通,网速变慢。2007年的ARP欺骗,已经不再局限于此,通过劫持网络会话,可以在正常计算机上网时,插入特定恶意代码,强令未中毒的正常计算机浏览指定网站或下载病毒木马。

更为严重的是,这种攻击行为已经扩散到从客户端到内容源服务器之间的所有环节。攻击者利用黑客技术入侵广域网路由,导致某地区所有计算机访问网站时下载木马或强行弹出广告。攻击者还会攻击内容源服务器所在的局域网,当黑客成功入侵内容源服务器所在网段的某台主机后,再利用ARP欺骗劫持会话,造成所有访问该内容源的客户机下载病毒木马或者弹出广告。

五、病毒入侵"流程化"

2007年,病毒攻击手段的流程化迹象日益突出。大量病毒进入用户电脑后首先终止杀毒软件的进程,导致用户电脑失去任何安全屏障;接下来,病毒将肆无忌惮地下载大量盗号木马到用户电脑内;最后驻留在用户电脑内的盗号木马伺机作案,盗取用户的网银、网游账号密码以及其他个人机密文件。

以AV终结者为例,该病毒进入用户电脑后,开机时可自动加载,并"绑架"安全软件,令大量杀毒软件、系统管理工具、反间谍软件不能正常启动;同时监视活动窗口的关键字,发现带"杀毒"等字样的,就立即关闭窗口。在用户对其束手无策的情况下,AV终结者疯狂下载木马、后门程序,进而窃取用户相关资料和账号信息。

六、病毒传播凸显"长尾"理论

在 2007 年的 10 大病毒中,几乎无一例外,具有变种多的特征。很多人以为 AV 终结者是一个病毒,实际上是一大批具备相似现象的病毒集合。下半年很多用户知道 Auto 病毒,不少人认为这是一种病毒,而事实上,利用 U 盘的自动运行功能传播的病毒成百上千,这些病毒还具备 AV 终结者的特征。

AV 终结者、Auto 病毒、木马下载器泛滥,和一两年前相比,病毒传播的趋势发生了巨变。现在的情况是,每个盗号团伙释放的木马,只影响或入侵部分网络,而不像以前那样尝试入侵所有的网络终端。因为是人为释放的结果,盗号团伙可以很容易地控制木马更新版本,以逃避查杀。位于这个"长尾"下被入侵的计算机总数相当庞大。

这种状态下,对杀毒软件的挑战是越来越多的病毒木马难以被监测网捕获,或者在捕获这些木马前,它们已经有较长的生存时间。杀毒软件更快更准地捕获这些病毒,将会给用户提供更多的安全。到目前为止,杀毒厂商和制毒贩毒者之间猫和老鼠的游戏,还远未终结。

七、内容安全浮出水面

目前,包括病毒、蠕虫、木马、垃圾邮件等与安全内容相关的问题已经成为首要威胁。对用户而言,在各类安全问题中,最严重和出现频率最高的安全问题均与安全内容相关。同时,垃圾邮件日趋成为一种严重的安全问题。

通过对最终用户 IT 安全状况的长期跟踪调研,IDC 发现最具威胁的 IT 安全问题中,排名前三位的都是和安全内容管理直接相关的安全问题。其中以病毒、木马及恶意代码最为严重。97.8% 的用户遇到过类似的问题,同时,垃圾邮件日渐成为一个严重的安全问题。如何合理使用资源并对内部数据进行有效保护，是当前众多用户关心的问题。据 IDC 统计，有 34.8% 的用户曾经遇到类似的问题，直接来自外部的破坏——包括外部攻击和黑客入侵，仍然时有发生。有 25.2% 和 24.9% 的用户分别遇到过外部攻击和黑客入侵。

内容安全往往无法通过网络安全的对抗性措施来解决。要解决内容安全问题，主要是区别真伪，任何用户无法要求别人不要在网上设置陷阱，因此，要解决内容安全主要还是从内部网络解决。基于特征码和行为分析的防病毒软件面对内容安全威胁的时候，效果不够理想。

目前国内用户已逐步建立了良好的安全防范意识，当面对安全威胁时，用户会采用各种应对手段。总体上来说，多数用户已经拥有了初步的抵御网络安全威胁的能力。但是专业的安全服务在用户中的普及程度并不高，多数用户还满足于目前使用的安全威胁抵御方式，并没有长期的战略性规划。[1]

第四节　2008年信息安全领域特点

2008 年对于中国来说是载入史册的一年，这一年中国人圆了自己的百年奥运梦想。对于信息安全领域来说，2008 年也是值得写入信息安全史的一年，这一年微软公司的漏洞震惊了全球；这一年数据泄露让人们开始警觉；这一年黑客组织开始规模化、制度化；这一年有许多值得人们在信息安全问题上反思的事件。

一、垃圾邮件成为获得利益的新途径

2008 年最大的安全事件无疑就是臭名昭著的网络托管公司 McColo 关门歇业。随着它的倒闭，全球垃圾邮件数量有了明显的下降。但是好景维持不长，仅仅两周之后垃圾邮件的数量又有了明显的提升，黑客们仍积极

---

[1]《2006年我国安全市场形势分析》，(http://netsecurity.51cto.com/art/200611/35403.htm)，2006年11月29日。

寻找其他渠道持续发送垃圾邮件，全球垃圾邮件数量达到或甚至超越先前的水平只是时间的问题。看来垃圾邮件的根治还需要和攻击者进行长时间的拉锯战才有可能得到解决。

思科公司的年度报告中指出，由于黑客不断想出控制用户计算机的新途径，被控制的计算机发送了大量垃圾邮件，垃圾邮件约占邮件总数的90%。黑客将感染病毒的计算机组建为"僵尸网络"，用于攻击更多计算机或发送垃圾广告，骗取钱财。由此可见垃圾邮件已逐渐成为黑客攻击换取利益的新途径。

二、微软公司的漏洞震惊全世界

2008年可以肯定地说是安全漏洞大曝光的一年，在这一年微软公司发布了近80个漏洞补丁，并且史无前例地一年发布了两次紧急漏洞更新补丁。与此同时更多较为普及的应用软件也曝出了众多严重的漏洞，大大加剧了攻击的可能性。

2008年12月爆发的IE0-day漏洞，据微软官方承认全球0.2%的IE用户因该问题受到黑客攻击，通过这个案例我们可以看出，漏洞所带来的危害是多么的严重。

作为世界上最大的IT厂商，微软公司的产品早已遍及世界各个角落。近年来随着黑客产业链浮出水面，系统漏洞也成为攻击的主要通道，每次暴露一个新的漏洞如果不去及时作出修正，就会给黑客营造机会制造大型攻击，在这一点上，微软做的恐怕还不够，每月一次的安全公告已无法满足现在的需求。

三、网络犯罪行为日益严重

随着信息时代的到来，网络犯罪也愈发严重。2008年各项指数表明，在线地下交易系统发展十分成熟，能够高效地窃取商品、提供诈欺服务，并在全球市场进行倒卖，网络犯罪正在悄无声息地走进大众生活。

欧洲安全与合作组织（OSCE）的凯里安·斯特劳斯表示，现在网络犯罪每年造成的损失高达 1000 亿美元。

近几年犯罪组织主要利用监管和政策等的漏洞，实施电脑间谍、洗钱及个人信息盗窃等行动，造成的损失非常巨大。据赛门铁克数据统计，从去年 7 月至今年 6 月，黑客所窃取来的信用卡、电子邮件名单、银行账号等个人信息兜售的价格，估计总值超过 2.76 亿美元。

四、数据泄露带来的人们安全恐慌

随着网络安全正在逐步向信息安全时代过渡，对于企业而言在信息时代机密数据已成为左右生死的关键，企业管理者为此绞尽脑汁。

数据安全成为了日益突出的问题，特别是在网络环境下，数据的安全问题不仅涉及系统数据和用户数据遭到逻辑级别或物理级别的损坏威胁，而且涉及敏感数据通过网络泄露的威胁。如何保护计算机数据安全已经是重大的战略问题。

根据身份失窃资源中心（ITRC）统计数据显示，在 2008 年有 548 起数据泄露案，比 2007 年有较大幅度的增加，总共泄露 30430988 条记录。Websense 安全实验室最新报告也显示，29% 的恶意攻击中包含数据窃取程序，这表明攻击者已经将窃取核心机密数据和信息作为其主要目标。

在未来，作为企业命脉的机密数据渐渐成为黑客们争相夺取的"金矿"，需要提高安全防范，防患于未然。

五、黑客组织日益规模化、制度化

随着计算机技术的发展，黑客的性质有了本质上的变化，以往炫耀技术搞破坏,悄无声息地留言后嘲弄你一番,在以前的时代黑客标榜的是技术。然而近几年,黑客逐渐走上通过网络偷盗获取巨额利益的行列,随着黑色产业链的逐渐成形,单一作战已无法得到满足,从而一种模糊的黑客体制随着需求不断完善,在分工明细、统一规划的作战方案下,黑客有组织的犯罪团伙在2008年逐渐形成。

第五节 2009年信息安全领域特点

可以说,互联网是未来社会的另一个隐形的赛场,在这场竞赛中谁拔得头筹,谁就占据了优势。2009年的信息安全领域出现的新特点,也或多或少包含了竞争的味道。[1]

一、网络战争的序幕拉开

战争是人类一个永恒的话题。在当今社会和未来相当长时间,引发战争的因素始终存在,战争种类也多种多样,主要的有争夺势力范围、领土争端、边界纠纷、掠夺战略资源、争夺市场、意识形态斗争、宗教矛盾、民族矛盾等,也存在各种分裂势力、恐怖主义势力和宗教极端势力。互联网上也充斥着观念冲突、矛盾甚至战争。现实世界的利益冲突和争夺、引发战争的根源和因素,逐渐开始向互联网迁移和聚合,引发互联网上的战争。

2009年7月7日晚,韩国的朝鲜日报网、韩国门户网站NAVER的电邮以及网络购物网站Auction、韩国国防部、韩国外交通商部和韩国国会的网站都连续遭到黑客攻击,事后调查显示,此次网络攻击一共造成差不多20000台韩国境内外计算机感染病毒及不能被访问。对于这次针对韩国的大规模网络攻击,韩国国家情报院在事后认为此次事件可能不会是某个黑客为了炫耀而发起的网络攻击,而是某些国家或组织经过事先计划后实

---

[1] 黄日涵:《信息安全领域的新问题与新特点》,载《2009年中国国家安全概览》,时事出版社。

施的攻击，它应该算是一次网络战争。正是由于在互联网领域，不论是军事战、舆论战都可以进行迅速而广泛的网络动员，因此网络战争这一新概念值得我们去深入思考。

二、中国木马产业收入过百亿

2009年11月下旬，央视《经济半小时》播出关于中国木马产业链调查的新闻，报道中称一条看不见、摸不着的黑客产业链正在形成，木马产业链年收入已达到上百亿元。警方破获的湖北麻城制造传播木马的网络犯罪团伙，让人们意识到木马产业链正在形成，人人可能成为黑客犯罪牟利的网络"肉鸡"。木马病毒本身仅是病毒的一个分类，然而在利益的驱使下，众多的病毒编写者开始专攻木马病毒，导致如今木马病毒的数量已经达到病毒总数的90%以上，造成这一现象的根本原因就是这条木马病毒黑色产业链。

三、云安全是噱头还是趋势

随着安全形势的发展，云安全[1]的内涵在不断演变，新技术、新方案不断被整合入云安全的大概念之中。对企业用户而言，伴随全新一代云安全2.0的技术体系逐渐浮出水面，用户自身的安全防御部署也随之出现新的变革：利用云技术，促进终端安全防御已经成为全新的体验。对安全部署而言，目前的云安全2.0体系是从传统的云安全方案中升级而来，通过添加云客户端文件信誉技术、威胁发现管理技术、终端安全管理技术，全新的云安全2.0技术体系对企业用户的终端安全保护与响应更加到位。

---

[1] "云安全（Cloud Security）"计划是网络时代信息安全的最新体现，它融合了并行处理、网络计算、未知病毒行为判断等新兴技术和概念，通过网状的大量客户端对网络中软件行为的异常监测，获取互联网中木马、恶意程序的最新信息，传送到Server端进行自动分析和处理，再把病毒和木马的解决方案分发到每一个客户端。

四、社交网络带来诸多隐患

随着社交网站[1]SNS 的日益发展，社交网站开始成为网络间谍窃密的又一乐园。在社交网络中，你可以制造虚假的身份，伪装成为别人的好友来套取相关的信息，别人也可以用虚假的身份来与你成为好友。于是我们发现，社交网络原来就是一场骗局。更可怕的是，稍有不慎还会遭受损失。Sophos 报告称，2008 年 8 月份有 1800 名 Facebook 用户的档案遭到了木马病毒攻击，社交网站成为了大规模散布恶意软件和垃圾的"发射台"，因而对网络间谍很有吸引力。比如最近一个叫做 Koobface 的木马同时袭击了 MySpace 和 Facebook、Twitter，并且将受害机器变成"僵尸电脑"，进而形成"僵尸网络"。网络间谍通过窃取会员的用户名和密码，使用营销信息或者转发第三方网站攻击用户的好友，最终找到他们需要的资讯，实现窃密的需求。

第六节　2010年信息安全领域特点

对于新兴的行业，未雨绸缪至关重要。因此分析行业的新特点，有助于在行业中取得优势地位。互联网是 21 世纪第二个十年的隐形赛场，在这场竞赛中谁拔得头筹，谁就占据了优势。换句话说就是信息改变世界，谁能在信息时代掌握话语权，谁就拥有了制胜的法宝。2010 年的信息安全领域，不论在内涵和外延上，都有了新的进展。[2]

一、信息安全服务的重要性明显提升

2010 年 8 月，英特尔以 76.8 亿美金的天价收购安全公司 McAfee；

---

[1] 国外的代表性网站有Facebook、MySpace等，国内的代表性网站有千橡集团旗下的校内网，现在更名为人人网，以及白领社区开心网。

[2] 黄日涵：《改变与挑战：网络信息安全与国家安全》，载《2010年中国国家安全概览》，时事出版社。

2010年9月，惠普又宣布完成对互联网安全软件厂商Fortify Software的并购，信息安全厂商成为IT领域的"新宠"。与此同时，信息安全作为互联网基础服务的地位也受到了业界广泛的认可。

二、信息安全服务的外延不断扩大

2010年，隐私安全成为安全领域关注度最高的话题，从Facebook用户资料泄露到全球范围内闹得沸沸扬扬的维基解密事件，还有全国网民熟知的3Q大战，网络时代如何保护隐私数据安全已经成为安全领域不容忽视的问题；另外在国内的恶意网页中，欺诈网页的危害在2010年也首次超过了挂马网页，这是由于网民基数快速增长，大量网民缺乏基本的安全意识，而互联网上的股票、彩票等欺诈活动又缺乏相应的监管措施，造成欺诈网页泛滥的情况。因此，安全服务的定位已经不仅仅是解决木马病毒的窄安全，而是保护用户财产、隐私数据和电脑系统的全方位安全。

三、黑客病毒越来越狡猾

2010年世界互联网取得了飞速的发展，社交网站人人网、开心网，以及微博的应用使Web2.0在中国市场风生水起，来自权威互联网咨询公司艾瑞咨询的数据显示，2010年3~6月，国内微博市场月覆盖人数从5452.1万增长到10307万，月度总访问次数从15364万次增长到41740万次。与此同时，国内微博市场月度有效浏览时间从761.07万小时增长到3035.69万小时。

面对如此大的市场规模，从奥巴马的微博账号被盗到查韦斯微博被黑客掌控，从南非世界杯到上海世博会，从微软系统漏洞到快捷方式……这些都成为黑客与病毒的超级伴侣，寄生在IT系统的每一个应用角落。回顾2010年病毒与黑客的行径可以看出，它们越来越活跃，越来越狡猾。

四、手机病毒唤醒人们关注移动设备安全问题

信息时代是一个沉默的时代，同时也是一个张扬的时代。2009年11月9日，一名21岁的澳大利亚黑客制造的世界上第一款iPhone病毒使其成为全球利用病毒攻击iPhone的第一人。这位名叫阿什利·汤姆斯（Ashley Towns）的黑客现在是悉尼一所大学的学生，他表示散播这种病毒的初衷是为了唤醒人们对iPhone安全问题的重视。2010年，移动设备成为黑客与病毒经常光临的设备，因此我们更应该重视移动设备的信息安全问题。

五、间谍式黑客攻击事件引发公众关注

2010年1月，Google宣称有黑客利用微软IE浏览器"极光"漏洞入侵了Google内部网络，大量重要知识财产因此失窃。同期，硅谷多家高科技公司也因为该漏洞遭到黑客攻击；这年夏天，一个名为Stuxnet"超级工厂"的工业间谍程序被全球媒体广泛报道，它同样是利用了秘密安全漏洞，针对伊朗核设施的工控系统实施攻击。此外，俄罗斯间谍案的曝光也说明，网络世界中间谍式黑客攻击的激烈程度远远超过公众的想象。[1]

从上述新特点我们可以看出，2010年网络信息安全领域的这些发展趋势无不凸显出网络信息安全的广泛性和重要性，因此对于网络信息安全带来的影响进行深层次的分析变得更加紧迫。

第七节 2011年信息安全领域特点

在不同的历史阶段，国家安全有着不同的内容和重点。随着信息技术在社会经济生活各个领域的广泛应用，信息安全成为了国家安全中的重要因素。如今的人们身处这样一个以信息为时代标志的年代，人们在

---

[1] IT168网（http://safe.it168.com/a2010/1224/1142/000001142333.shtml）。

每每遭遇这样那样的"泄密门"时，总会忍不住抱怨甚至愤怒，但现实的情况却是，那些存在于计算机和网络上的私隐信息，可能从来就没有真正安全过。

2011年发生的一系列网络泄密事件，一次又一次给人们展示了全民网络时代信息安全的严峻形势。事实上，即使是网上个人信息的泄露，也不仅关系到用户自身的隐私和财产安全，而且还会威胁到国家安全，特别是一些政府机关或者涉密部门工作人员个人信息的大量泄露，完全可能影响到国家安全，甚至给国家安全造成极为严重的后果。在2011年这一年中，"数据泄露""自主可控的安全体系""智能移动设备安全""网络战"等一系列与重大网络泄密事件相关的关键词，频频出现在各种媒体上，从而成为本年度中国信息安全的一幅速写。[1]

一、互联网数据泄露频频发生

在2011年的最后十来天里，国内知名的开发者社区CSDN曝出被黑客攻击的信息。在此次攻击中，共有600万用户的个人信息惨遭泄露，其中包括注册邮箱账号和密码。随后，数据泄露事件开始蔓延到社交网站、电子商务网站、社区论坛以及金融等领域，截止2011年底，已经有上亿网民的账户密码被泄露，成为中国互联网有史以来最大的信息泄露事件，上演了一出岁末年初的"数据泄露门"。其实在2011年初，索尼在线Play Station网络就遭到黑客入侵，致使7700万客户的信息泄露。

整个2011年，在我国关于数据泄露的新闻也屡见于报端，从年初延续到了年尾。对信息安全行业来说，2011年可以被概括为"数据泄露年"。

近几年来针对企业核心数据的攻击越来越多，数据泄密事件层出不穷。与以往相比，今年的数据泄露无论是在事故发生的频率上还是在影响的范围上，都大幅度超过往年，冲击着越来越多的企业和机构。

---

[1] 黄日涵：《全民网络时代的信息安全》，载《2011年中国国家安全概览》，时事出版社。

二、自主可控的安全体系有待完善

目前，在中国，芯片、元器件、网络设备、通用协议和标准有90%需要依赖进口，防火墙、加密机等10类信息安全产品有65%来自进口。由于我们的核心技术与高端设备没有自主知识产权，网络管理与安全服务受制于人，因此供应链的安全风险长期存在，使得我们面临的外部网络威胁也持续加大。

2011年12月，用户反映国外知名三维设计软件Solidworks中存在后门，会将个人计算机上的信息外泄出去。这一消息再次给国内信息产业敲响了警钟。

自2010年的"震网"(Stuxnet)病毒事件发生后，网络攻击从传统"软攻击"阶段升级到直接攻击电力、金融、通讯、核设施等核心要害系统的"硬摧毁"阶段。随着3G、4G、WLAN等移动互联网技术在工控系统中的广泛应用，工业控制系统的安全问题日益凸显，一些新的安全隐患也由此埋下，自主可控的信息安全显得更为重要。近些年来，各国企业纷纷加速抢占中国信息安全服务市场，自主可控的信息安全战略实现难度进一步加大，因此中国亟待建立自主可控的安全体系。

三、智能移动设备安全问题激增

随着智能移动设备应用的爆炸式增长，特别是移动恶意软件攻击所带来的潜在风险也正在以前所未有的速度急剧扩大。

根据Gartner公司[1]的调查，智能手机的销售量到2011年底将超过4.61亿台，超过同期PC的出货量。事实上，截止2011年末，智能手机和平板电脑的总计销售量将超过PC市场销量44%之多。移动互联网产业的兴盛也吸引了网络犯罪分子的注意力，移动恶意软件数量在2011年有了显

---

[1] 高德纳公司(Gartner)成立于1979年，是全球最具权威的IT研究与顾问咨询公司。

著的增长。[1]

近两年来，由于个人移动设备的普及，越来越多的工作人员将平板电脑及智能手机接入企业或者政府机关网络系统，而很多企业和政府机关当前的防御能力还不足以充分保护和管理这些设备，也无法在工作人员使用平板电脑进行访问时确保其信息安全，因此，移动设备对企业甚至国家机关而言就成了一项新的安全威胁。由于监管不到位，很容易因有意或无意的操作而丢失敏感数据，如果遇到来自外界的恶意攻击行为，丢失高度机密的信息也不无可能。

四、信息网络战的新形势

2011年的信息网络战已经由原来抽象的概念变得更为具体，信息安全水平的高低已经成为衡量一个国家综合竞争力的关键指标之一。

在2010年5月建立网络司令部后，美国网军目前至少有3000名信息战专家和8万名以上从事网络战、电子战的军人，研制出的网络武器（如木马病毒）超过2000种。网军由此成为传统的陆、海、空之后的第四军种。2011年上半年，美国公布了《网络空间国际战略报告》，首次清晰地制定了针对网络空间的全盘战略，把网络入侵美国的行为分为不同等级，对最高等级网络入侵行为将采取现实的军事行动给予回击。显然，网络空间已经与陆、海、空一样，成为一个独特的军事领域。2011年，信息网络战比此前任何时候都更真切。从窃取机密、散布假消息到配合军事打击、破坏基础设施、破坏关键设备等，信息网络战的破坏力已实实在在展现在世人面前。[2]

面对着全球的这种形势，中国也紧跟信息网络战的脚步。2011年5月25日，中国国防部新闻发言人耿雁生大校首次确认，解放军已建立了网络

---

[1] 电脑之家（http://article.pchome.net/content-1455433.html）。
[2] 《2011网络战的现实与未来》，《南方周末》网络版（http://www.infzm.com/content/67239）。

蓝军,目的是提高部队的网络安全防护水平。中国网络部队建设的背后,其实是对西方各国在实战检验中带来的隐忧。在大国总体和平的态势下,国家间信息网络战仍将大量表现为网络情报战和网络舆论战。在新形势下,如果不加强信息网络战队伍建设,对处于守势而又日益依赖互联网的全球网民第一大国而言,这一景象是非常可怕的。全球信息网络战已拉开序幕,并将长期持续。因此,我国必须抓紧掌握关键技术,建立专业队伍,不断加强网络安全措施,在信息网络战中取得先机。

五、信息舆论与西亚、北非局势

在 2011 年,西亚、北非局势的动荡,可以说互联网发挥了重要作用。正是由于维基解密网站曝光了美国外交官有关突尼斯政府腐败的电文,引发了示威民众通过社交网站 Facebook 发布信息,相互串联,并借助 Google 公司、Twitter 等网络媒体发动舆论攻势,在连续 20 多天突尼斯民众声势浩大的抗议浪潮中,执政了 23 年的本·阿里结束了对突尼斯的统治。突尼斯风暴的外溢效应迅速扩散,民众抗议浪潮在多个阿拉伯国家涌动。随后,在埃及、阿尔及利亚、巴林、也门、约旦、利比亚、叙利亚等国蔓延开来,最终导致中东地区接连几个国家发生大规模群众抗议游行,导致一些国家政局动荡,政府更迭,这里的剧变震动了整个世界。

在整个"阿拉伯之春"中,美国的互联网巨头们扮演了重要的角色,不论是 Google、Facebook 还是 Twitter,他们都成为了这场事件的推手,从这个事件中我们也可以看出,掌握网络信息领域的话语权是多么的重要,只有拥有自己的互联网巨头和充分的话语权才能保证社会的稳定和国家的安全,防止外来势力的破坏活动。

第四章　信息安全对国家安全的挑战

进入 21 世纪以来,互联网已经渗透到中国社会的方方面面,成为人们日常生活不可缺少的重要组成部分。中国社会的正常运转对计算机网络的依赖性日益加重,计算机网络已经逐步渗透到中国政治、经济、军事、文化等各个领域,国内的各种业务处理也已经基本实现了信息网络化,中国的整个社会运转已经与网络密不可分,换而言之,如果出现网络危机将可能导致中国整个社会陷于瘫痪。接下来我们通过一些发生在生活中的鲜活案例,来分析信息时代,信息安全对于国家安全的重要意义。

第一节　网络民族主义与国家安全

20世纪90年代末，中国互联网的迅猛发展为民族主义意识提供了一个新的发展平台。借助于网络工具，民族主义意识在网络平台得到了一个全新的表达。网络与民族主义的结合促成了网络民族主义这个新术语、新现象的产生与发展。作为一种新的社会政治现象，它的演进和发展受到中国社会的普遍关注。本文通过对网络民族主义的思考，分析其对中国国家安全的影响以及在现阶段我国政府能够采取的应对措施。[1]

一、中国网络民族主义的内涵及特征

网络民族主义是民族主义在信息时代的新产物，它依托互联网优势，全方位并深刻地影响着人们的思想和行动。其发展态势、传播范围、独特形式和引发的社会效应引起了社会各界的广泛关注。

"网络民族主义"概念最先出现在媒体中。学术界对"网络民族主义"的概念存在一定的分歧。罗迪和毛玉西认为，网络民族主义是"网络＋民族主义"的有机结合，是民族主义思潮在网络时代的最新表现，民族主义思潮在网络中获得了充分表达的平台，从而获得了表达途径与相关目标的实现。贺乘认为，由于互联网成了宣泄民族主义情绪的场所，有论者将这种社会现象称为网络民族主义。中国社会科学院王军博士的定义比较系统、全面和准确。他认为，网络民族主义指的是互联网上中国人隐性和显性的表达民族主义情绪和思想、传播和制造民族主义言论、基于民族主义心态破坏和攻击他国网站的行为。笔者认为，网络民族主义主要以互联网作为言论平台，自发地发表具有爱国性质的言论，表达个人爱国热情，有时也以采取实际行动来宣泄、表达爱国热情的一种社会现象。

---

[1] 黄日涵、从培影：《网络民族主义与中国国家安全》，载《江南社会主义学院学报》2010年第2期。

网络民族主义主要表现为以下几方面基本特征：

首先，它具有明显的突发性，行为主体的网络表达或实际行动往往由某些重大事件引发。网络民族主义思潮往往以突发事件作为由头，从而引发互联网上民众对国家和民族前途与利益的思考。事态一旦平静或趋于缓和，类似网络表达往往也趋于缓和、平淡。

其次，它具有一定的自发性，是一种非组织的自发行为。一般来说，普通民众过去的多数政治参与都是具有组织性（或是正式组织，或是非正式组织）。而网络的无中心特点，让个人行为日益成为网络行为的主体，个人对组织的依赖明显减弱。他们的行为完全以个人身份参与，完全处于一种自发状态，并且可以不受到任何事件和空间限制，只要拥有上网条件即可，每个人在互联网上都可以随时随地匿名表达自己的观点和见解。

最后，从言论表达上可以看出，各种探讨具有一定的非理性（诸多的政治冲动和不成熟表现）与理性思考相结合的特点，这一点和民族主义的非理性特征具有同源性。有些网络言论失之幼稚偏激，只有情感的抒发和宣泄，无法促使言论系统化和理论化。他们给外界造成的印象不是理性思考，而是带有若干失控形式的鲁莽情绪发泄，因此网络民族主义主要表现为较为消极的层面。正是由于这个原因，许多观点将网络民族主义——特别是"愤青"在网络上的极端言论——界定为狭隘的民族主义。当然，其在言论表达层面也有积极的一面，有些表达网络民族主义观点的文章行文流畅、逻辑严密、思维深刻，甚至被其他论坛或媒体转载，具有很大的影响力。类似文章是对国家利益、民族复兴的强国之路的深刻理解及反思，彰显着时代发展的理性。

网络民族主义作为民族主义在信息时代的新的表现形式，与民族和国家本身自然有着密切关系，而当代国家最为关注的是自身的安全与稳定问题。因此，网络民族主义必然与国家安全有着难以割舍的联系。

二、网络民族主义对国家安全的影响

国家安全的定义十分广泛。进入 21 世纪以来，非传统安全领域的研究非常普及，网络民族主义的产生也为非传统安全研究领域增加了一个新的研究课题。非传统安全涉及很多方面，与网络民族主义直接相关的是其中的民族主义问题与舆论安全问题。网络民族主义本身就是民族主义新的发展，而网络民族主义又是一种新型的舆论传播。这两个问题都是非传统安全研究中非常重要的问题。民族主义问题和舆论安全问题在某种程度上直接关系到国家安全现实状况的好坏。

本文中的舆论安全主要是指互联网上的舆论安全问题。由于作为媒介的互联网在参与者的广泛性、信息的及时性、造成的影响力等方面与传统媒体均有很大不同，因此，要真正弄清网络舆论安全的含义，还得对其概念进行分析。在汉语中，"舆"指众人，据此，舆论就是众人的观点，包括社会各阶层大多数人对一个问题或事件的看法。在英文中，"舆论"一词对应为"publicopinion"，也就是公众的意见。因此，网络舆论可以理解为互联网用户对待某一问题或事件的看法或意见。网络舆论安全一词可以有两种理解方式，一种是网络舆论本身的安全，即网络舆论本身免于他人的威胁，不受他人的危害；另一种是不使他人因为网络舆论而遭受威胁，免于网络舆论的危害。

网络民族主义更加偏重于后一种理解。网络民族主义主要是一种公众舆论的传播，它传播的信息会直接影响公众对某些问题的看法。某些极端的言论会引发一场规模较大、影响力较强的社会运动。民众正常的游行示威在极端舆论的引导下会转变性质，进而影响社会稳定和人们正常的工作生活。所以对于网络民族主义有必要进行监督，对于一些消极民族主义言论，政府要保持高度警惕。

民族分离主义关系到国家的独立和主权的完整，而社会舆论则关系到社会的稳定和发展。网络民族主义涉及的两个非传统安全议题对于一国国家安全来说都具有十分重要的意义。网络民族主义对国家安全的影响也主要以民族团结问题和舆论导向问题为切合点。以下简要分析网络民族主义对作为整体的国家安全的正反两方面作用。

（一）网络民族主义对国家安全的积极作用

网络民族主义对一国国家安全的积极作用主要表现为两个方面：

首先，网络民族主义可以增强国家的凝聚力。在综合国力中，国民士气是其重要的组成部分。国民士气是一个民族在和平或者战时决意支持其政府外交政策的程度。国民士气是以公众舆论的形式提供了一个无形的因素，没有它的支持，任何政府，无论是民主的还是独裁的，即使能够实行其政策，也无法充分有效地实行。网络民族主义在某些情况下成为了政府凝聚民心的一个平台。比如，2008年北京将举办第29届奥林匹克运动会，无论是会徽的设计还是吉祥物的选择，政府都利用互联网征求广大民众的意见。民众在积极参与奥运活动的同时，也为政府提供了很多宝贵意见，而且政府在网络中公开招募志愿者的时候，民众都给予了广泛的支持。所以，网络民族主义的积极作用之一就是实现政府与民众之间的良性互动，进而增强国民的凝聚力。

其次，网络民族主义实质上也是一种对某些社会问题的民意表达。网络为公民提供了表达意见的平台，提升了普通民众对政府现行国家政策的理解。网络民族主义对于国家政策讨论得越激烈，国民的主人翁意识的表现就越强。如果公民广泛地参与到政府的对外政策制定过程中，国家的民主化趋势就会进一步加强。如果国民将自己的意见和对某些问题的不满表达出来，不但可以警示政府，同时也可以打消民众心中的怨气和不满；反之，在普通民众舆论得不到表达途径时，民众信心就会受到打击，民众不满情绪积压到一定程度时必然引发社会动荡，影响社会发展。总之，网络民族主义也是民主化发展的一种表现，也是国家走向公民社会的必由之路。

（二）网络民族主义对国家安全的消极作用

网络民族主义对国家安全的消极作用主要表现为以下三方面：

首先，网络民族主义中有很多极端言论，这些极端言论具有较强的煽动性。出于对某些问题的误解和不满，网络成为极端主义者开展社会运动的平台。如 2005 年，受网络和手机信息传播的引导，在中国的大城市中出现了群众反日浪潮。2005 年 4 月，北京等城市出现了大学生反日游行活动。虽然这次游行活动的性质是爱国主义运动，但是游行没有提前通报政府，也没有得到批准，从法律程序上讲游行是不合法的。游行群众在某些极端主义者的煽动下，由单纯的反日情绪发泄变成了"反对日货"的极端民族主义行动。中日之间关系错综复杂，一些不了解中日历史关系和现实情况的外国人根据中国民众的某些非理性行为，得出中国人不理智、不讲道理的结论，反而使我国政府在对日关系上处于不利地位，中国的国际形象也因此受到严重损害。

其次，网络民族主义发展会威胁到我国的信息安全。网络民族主义者中有很多黑客，他们与普通网络民族主义者不同，普通网络民族主义者主要是靠言论宣传与传播作用，产生所谓的舆论压力，而网络黑客民族主义者靠的却是实际行动。他们制造病毒以攻击其他国家的官方网站，使受攻击国的互联网陷于瘫痪。虽然网络黑客可以通过这种方式得到暂时发泄，可是后果却十分严重。受攻击国的网络黑客，反过来也会攻击中国的官方网站，使中国的互联网陷于暂时瘫痪，进而影响中国正常的政治经济生活。现实中的以暴制暴行为在虚拟世界中得到重现，其影响范围和波及面不亚于实际暴力的效果。而这种攻击上升到国家之间的外交纠纷，会给两国关系带来极其负面的影响。

最后，中国网络民族主义除具有对外的强硬和破坏性外，在对内方面也对政府施加越来越大的压力，在某种程度上给中国的内政及外交都带来了极具破坏力的影响。这种压力，其中固然有监督政府、促进民主的积极意义，但由于中国网络民族主义具有极端民族主义因素，他们盲目攻击政府的对外政策，甚至高调鼓动民众进行游行示威等行动，宣泄民族主义情绪，有百害而无一利。需要注意的是，由于社会转型加速，中国社会弱势群体中普遍存在不满情绪，在这种状况下，任何具有非理性色彩的民族主义事件都可能成为引爆部分人群不满情绪的导火索，成为破坏社会秩序的借口，因而极易转变为对社会具有破坏性的群体性事件。

三、如何应对网络民族主义

网络民族主义是一把双刃剑,对于当代中国的网络民族主义,政府应该采取相应措施,正确引导。只有这样,网络民族主义才能成为促进国家安全、维护公众团结的积极因素。

(一)加强网络舆论监督

网络民族主义的极端言论很多,这些言论多数都只存在于口头表达上,只是一种发泄性的言论,不会产生什么社会效应,但是有些言论则极具煽动性。因此,一方面要高度重视这些言论;另一方面要正确疏导这些言论,在监督的同时也要对一些网络民族主义言论作出回应。现实中,国家主席开设微博、总理与网民亲切对话、外交部部长回答网友提问等都是具有着积极意义的互动方式。网络监督的方式是双向的,政府要监督网络民族主义者的极端言论,同时也要让网民监督政府的大政方针政策。只有实现了两者之间的良性互动,舆论才能更加开放,政策才能更加公开,网络民族主义极端言论才能得到疏导,才能向良性方向发展。

(二)培养理性的传播者、接受者队伍

在舆论竞争的年代,要确保对网络虚假信息和网络舆论的控制和引导,强化舆论界的职业道德建设、提高网络舆论的社会公信力极为重要。中国作为全球互联网用户第一大国,在当前网络信息庞杂、虚假信息繁多的舆论环境中,开展网络舆论的素质教育,培养网民辨别真伪的能力,发挥网民对不良信息的监督作用,也是一种控制虚假信息、有效引导网络舆论的重要手段。同时,政府应牢牢抓住舆论的导向权,引导网络民族主义的言论向健康方向发展。

(三)建立完善的网络法律管理体系

从政府角度看,首先要重视互联网这块舆论重地,加强法制建设。法律具有最高的强制性与权威性,因此法律控制是最有效的管理手段。尽管从 2002~2003 年,国务院、国务院新闻办、信息产业部等机构相继制订并颁布了《互联网信息服务管理办法》《互联网站从事登载新闻业务管理暂行规定》《新闻网站电子公告服务管理暂行办法》等一系列行政法规和部门规章，但目前在实际管理过程中出现脱节现象非常严重。一是多头管理。从目前的实际运作情况来看，工信部管接入，而市一级没有相对应的机构；国务院新闻办管内容；公安机关管处罚。除了开展专项治理（如开展打击非法盗版专项治理）时，三家会成立一个联合机构外，平时开展常规性管理时，却是各行其是。二是处罚缺乏力度。如互联网站违规刊载新闻信息，根据《新闻网站电子公告服务管理暂行办法》第十五条"情节严重的取消刊载资格"。三是对 ISP（网络运营商）缺乏有效的管理机制。我国现在从事 ISP 业务的单位众多，任何一家网络公司或个人都可以购置服务器，出租虚拟空间，造成网站管理的许多盲点，出现了很多问题。四是目前国内的规定还仅限于行政法规和部门规章，而且这些规定还不健全。建立一个完善的网络法律体系，使网站和网上监管有法可依，对发布不良言论、造谣生事的网站和个人必须进行严惩，进而最大限度地净化网络中的极端言论。

（四）采取灵活政策正确组织引导

当前中国的网络民族主义思潮，大都通过两种渠道表现出来，一种是日常交流，在网络论坛中用言语或文章的形式宣泄自身的民族主义情绪；一种则是在外界强烈刺激下，通过集会、游行、示威甚至殴打攻击刺激源的形式表现出来。面对通过各种渠道表现出来的网络民族主义思潮，政府应当也必须灵活对待，细加甄别。对于平时日常民族主义情绪的流露，应防患于未然，勤加引导；对于在外界刺激下骤发的矛盾，要仔细区别，善加劝诱，以保证政府的公信力不受损害，民众的爱国热忱、民族感情不被挫伤。这样才能促使中国当前的网络民族主义步入正确轨道，成为我国经济建设的有益助力而非障碍。

总之，中国网络民族主义浪潮会伴随着中国实力上升和信息化深入不断向前发展。只要中国社会主义现代化事业平稳顺利，网络民族主义就会平缓前行，而不会爆炸式地掀起民族主义运动的滔天巨浪。但凡事预则立，不预则废，政府应当广开言路，因势利导，正确引导网络舆论，增加政策的公开性和透明度，制定更加完备的规范互联网使用的法律法规，为构建信息时代的公民社会作好充分的准备。

第二节　网络间谍与国家信息安全

在人类的历史中，间谍一直无所不在，《孙子兵法》在"用间第十三"就曾明确提到过"无所不用间也"，意思是没有什么地方用不到间谍。人类社会进入信息时代以后，由计算机和线路编织的互联网把整个地球包裹得严严实实，人们在充分享受网络带来的便利的同时，也面临着随时承受来自网络攻击的危险。相互竞争的国家之间可以利用网络间谍，在政治、军事、经济、文化等领域进行破坏。这种既没有硝烟又无声无息的网络间谍战同样会令人谈虎色变。网络间谍战虽然不能像寻常的间谍那样用手枪或毒药去夺取对手的性命，却可以在一瞬间卷走或毁掉对手赖以生存和发展的数年积累。利用这种方式，同样可以将对手置于死地。将来，也许没有任何一种灾难能比得上网络的瘫痪更可怕。[1] 下面我们将着重探讨一下网络间谍对中国国家安全的威胁。[2]

一、网络间谍挑战中国国家安全

众所周知，网络是一把双刃剑，由于它的交互性、开放性、跨地域性等特点，网络给人类展现了一个多姿多彩的世界和一个全新的社会模式，同时由于网络的异化，网络也给国家安全带来了巨大的危害。早在2007年一位国家有关部门人士接受《环球时报》独家采访时就表示"针对中国的网络间谍攻击正变得越来越多，中国的国家安全从来没有像现在这样与

---

[1] 李磊：《网络间谍：静悄悄的战争》，载《政府法制·半月刊》2008年第1期，第64页。
[2] 黄日涵：《网络间谍与中国国家安全》，载《长春大学学报》2010年第3期。

网络密切相关"。这个话并不是空穴来风，下面的情况对普通人来说或许相当惊人：目前境外有数万个木马控制端IP紧盯着中国大陆被控制的电脑，数千个"僵尸网络"控制服务器也针对着大陆地区，甚至有境外间谍机构设立数十个网络情报据点，疯狂采用"狼群战术"、"蛙跳攻击"等对我国进行网络窃密和情报渗透。2007年一个名叫李芳荣的台湾间谍，一次疯狂作案行动中就控制了数百个大陆的电脑和网络，此间谍至今尚未归案。据介绍，大陆军事、军工单位和重要政府部门的网络是被攻击的重点。"肩负保密责任的敏感单位必须重视网络安全防护，否则，无异于向境外网络间谍敞开国家秘密的大门"。

据《环球时报》记者了解，目前境外的情报机关都设立了专门的网络间谍机构，职业网络间谍常常直接操刀，我国重要部门和涉密单位的上网电脑或服务器，全是他们感兴趣的目标。

近些年来，国内信息安全部门就发现了境外间谍机关实施的多次大规模网络窃密行动，攻击对象全是中国政府部门、军队以及国防科研机构、军工企业、保密单位网络。受到攻击的单位遍及我国绝大部分省、自治区、直辖市，甚至还包括我国十几个驻外机构。根据已查明的情况，在攻击过程中被境外情报部门控制的电脑和网络达数百个，窃密内容涉及政治、军事、外交、经济、医疗卫生等多个领域。在2007年的大规模窃密活动中，操刀者李芳荣不到30岁，看似文弱书生，真实身份却是台湾军情局派驻莫斯科的职业间谍，他利用黑客技术，控制了大陆的多个服务器，又通过这些服务器将间谍软件[1]植入其感兴趣的电脑，或者其他移动存储设备（如移动硬盘、U盘），然后通过远程控制，猖狂实施网络窃密等破坏活动。

而在另一起网络间谍案调查中，国家有关部门从政府某部门及其对口地方单位的电脑网络中检测出了不少特制的间谍软件程序，检测结果表明，

---

[1] 间谍软件往往具有双重软件特性，表面上具备实用的基本功能，比如MP3播放，但实际上其中隐藏了一个隐秘的组件。被安装了间谍软件的电脑使用起来和正常电脑并没有太大区别，但用户的隐私数据和重要信息都会被间谍软件所捕获，在用户联网的时候这些信息将被发送给互联网另一端的操纵者，并且这些有"后门"的电脑都将成为黑客和病毒攻击的重要目标和潜在目标。

所有间谍软件的连接都指向境外的特定间谍机构。专业部门进行检测时，测出的间谍软件很多还正在下载、外传资料，专业人员当即采取措施，制止了进一步的危害。通过这一系列的案件我们可以看出间谍软件已经成为危害国防信息安全的头号"杀手"，而操控这些间谍软件的网络间谍就变成了危害国家安全的重大隐患。

二、伸向网络的黑手

通过上文我们可以知道，在当今世界网络间谍的活动已经成为国家安全的一个重大安全隐患，而从综合数据来看台湾地区的网络间谍更是我国国信息安全的一个重要威胁。接下来我们通过相关材料走进台湾地区的网络间谍机构。

台湾目前的网络间谍部队主要由三个系统组成：台军的"老虎部队"，"国安局"和"军情局"下属的网络间谍。前者着重作战，属于编制内的正规军；后两者着重于情报搜集，参与者多为对外招募的台湾民间黑客高手，算是"游击队"。"国安"、"军情"两局主要分为两大集团。一为较资深的所谓"爱国青年团"，年龄在 30~40 岁之间。这些黑客通常在招募时自愿参与，往往不计较酬劳，在乎的是成就感。另一集团则是"佣兵少年团"，平均年龄在 20 岁左右，其中最年轻的还有在校高中生，这些年轻黑客多数看在高额酬劳上，以个案方式加入网络黑客作战。[1]

由于网络间谍隐蔽性好，不易暴露，工作效率也非常高。一旦侵入重要的计算机系统，就能以此为基地，源源不断地获得大量的高度机密信息。在没有硝烟的网络间谍战中，知识和技术是决定战争胜负的根本因素。

网络间谍行为最常见的是利用间谍软件窃取机密信息。和病毒不同，间谍软件的第一个特征就是"低调"。它不会像爆发的蠕虫一样，雷霆一击，声势惊人，在短短的几分钟内使系统宕机、网络瘫痪，从而使全世界的计算机

---

[1] 汪俊、吴桐彬、李建彬：《台湾间谍狂窃大陆情报》，载《环球军事》2008年第1期，第165页。

用户都知道它的名号。相比之下，通常间谍软件如同潜流暗涌，在不知不觉间进入用户的信息系统，获取所需的资料，成功的间谍软件在达到目的后，甚至会消灭痕迹，自我蒸发。当然，如果需要发动攻击，它的破坏力也是惊人的。

最常见的间谍软件是木马和"僵尸"程序。木马特指电脑后门程序，它通常包含控制端和被控制端两部分，被控制端一旦植入受害者的电脑，操纵者就可以在控制端实时监视该用户的一切操作，有的放矢地窃取重要文件和信息，甚至还能远程操控受害电脑对其他电脑发动攻击。而被"僵尸程序"感染的电脑可以通过控制服务器来集中操控，用户毫不知情，仿佛没有自主意识的僵尸一般。这样的"僵尸网络"一旦在统一号令下激活，同时对网络中的某一个节点发动攻击，不管是网上窃密还是恶意破坏，能量都很可怕。

我国国家计算机网络安全应急技术处理协调中心不久前发布了2008年上半年网络安全报告，其中特别提到木马和"僵尸网络"对国家安全造成了严重危害。报告指出，2008年上半年我国大陆地区大量主机被境外植入木马程序。按照一位网络安全技术专家的说法，木马不仅是一般黑客的常用工具，更是网上情报刺探活动的一种主要手段。

2008年，被植入了木马控制端的中国大陆主机分布在河北、北京和江苏的最多，而同时在大陆地区外的木马控制端IP有数万个，其中位于台湾的最多，占总数的65%，位于美国的也占了约8%。[1]

中国大陆被"僵尸程序"感染的IP也很多。目前，有关部门共发现数千个境外"僵尸网络"控制服务器在对我国大陆地区的电脑进行控制，其中，位于美国的占33%，位于台湾地区的占2%。

通过比较来看，木马和"僵尸网络"虽然在控制方式和攻击的针对性、灵活性以及规模上有所区别，但是两者都是非常有效的远程监听和控制手段，尤其是在窃密方面对国家安全都造成了严重危害。

---

[1]《2008年上半年网络安全工作报告》，国家互联网应急中心（http://www.cert.org.cn/UserFiles/File/CISR2008fh.pdf1.pdf），2009年5月4日。

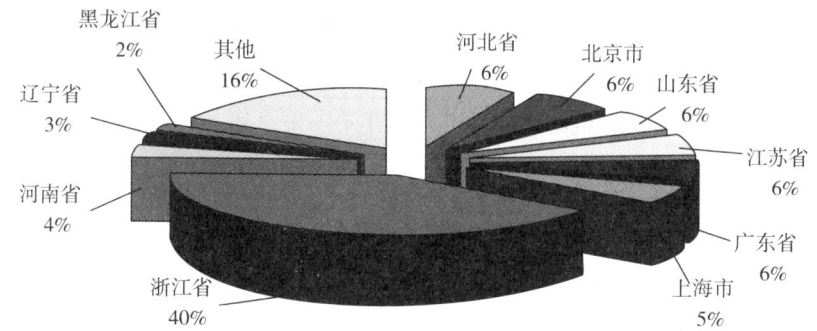

图4-1　2008年上半年中国大陆地区被木马控制的计算机IP分布图

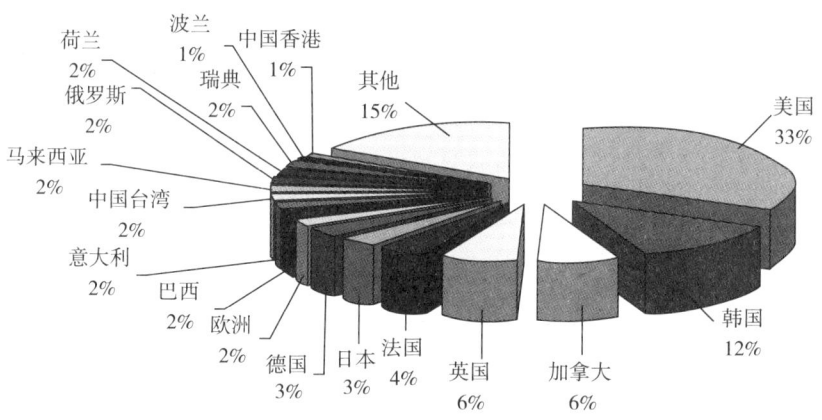

图4-2　2008年上半年中国大陆地区外被"僵尸网络"控制服务器分布图

三、网络间谍对信息安全的主要威胁

计算机网络间谍工作效率高、威胁大，一旦计算机网络间谍侵入重要的计算机系统，特别是获得访问特权，他们就能够以此为基地，源源不断地获得大量的高度机密信息，而受害者一方往往还不清楚自己所受的损失。计算机网络间谍受空间、时间限制小，工作十分灵活。国际互联网遍布全球，可以从网络的任一终端甚至通过公用电话进入目标计算机网络。从理论上讲,计算机网络间谍可以从世界上任何一个有计算机网络的地方尝试进入敌方计算机网络,这样,计算机网络间谍坐在本国整洁的实验室内,就可以窃取对方机密信息,而不用担心自己的安全,这使得计算机网络间谍战非常灵活,甚至计算机网络间谍可以在几千千米之外,一边品味咖啡,一边窃取对方的核心机密,悄然展开一场大战。[1]

因此我们可以看出网络在给人类社会带来革命性变化的同时,也暴露出本身固有的缺陷和漏洞,因而不可避免地产生众多的安全隐患,从而成为易受网络间谍攻击的目标。当前,网络间谍对信息安全的威胁主要通过以下几种方式:

(一)计算机病毒

计算机病毒是专门用来破坏计算机正常工作的特殊干扰程序,它具有繁殖力强、潜伏期长、破坏力大的特点。它会使网络系统出现大面积瘫痪,是目前人们公认的攻击和破坏计算机软件和数据的最有效的工具,[2] 是对信息安全的最现实和最大的威胁。

病毒自己不能传播,必须通过人为操作它而产生破坏作用。通过网络间谍的使用,计算机病毒将会发挥更大的作用,对信息安全具有极其强大的冲击效果。

如上文所说的,利用电脑病毒对相关咨询网站进行破坏,可以窃取国家机密和有用的情报信息。其主要方式:一是断讯,指使网络主机超载,然后自行死机,使网络系统陷入瘫痪。二是销毁资讯。由于计算机病毒的这些特点,它是目前人们公认的攻击和破坏计算机软件与数据的最有效的工具,是网络空间作战的主要手段,[3] 对信息安全造成了现实且极大的威胁。

(二)网络入侵

网络入侵主要是指黑客尤其是网络间谍的入侵和蓄意攻击。他们倚仗高超的电脑技术,可以非法访问对方的内部信息,以达到某种不可告人的

---

[1] 黑基:《网络间谍》,载《信息化建设》2005年第10期。
[2] 田作高:《信息革命与世界政治》,商务印书馆,2006年版,第165页。
[3] 蔡翠红:《信息网络与国际政治》,学林出版社,2003年版。

目的。他们可以系统地查询某个重要企业的信息系统,寻找漏洞,然后利用这些漏洞非法牟利,甚至通过截获和篡改数据来获得巨额利润;他们也经常闯入军事信息系统内窃取情报、破坏数据、改变路径、修改指令,甚至以此来控制敌方的武器系统或部队。由此可见互联网在带给人们信息便利的同时,也给国家安全出了一道苦涩的难题。

(三)网络间谍活动

西方情报机关一直很重视高科技在谍报中的使用,并且很多先进技术和设备被率先用于间谍领域,为隐蔽战线取得卓著的功绩立下了汗马功劳。而作为现代高新技术最重要标志的互联网自然也被西方情报机构视为目前最有用和有效的工具。[1]情报机关往往通过间谍软件实行网上窃密活动,这已经成为互联网面临的一个重要的安全问题。新一代的间谍软件通常隐藏在使用者下载的其他软件中,一旦安装上这些软件,它会在不被察觉的情况下自动启动,使用户的资料沿网络传播出去。

(四)社交网站窃密

随着社交网站的日益发展,社交网站开始成为网络间谍窃密的又一乐园。在社交网络中,你可以制造虚假的身份,伪装成为别人的好友来套取相关的信息,别人也可以用虚假的身份来与你成为好友。于是我们发现,社交网络原来就是一场骗局。更可怕的是,稍有不慎还会遭受损失。Sophos报告称,2008年8月份有1800名Facebook用户的档案遭到了木马病毒攻击,社交网站成为了大规模散布恶意软件和垃圾的"发射台",因而对网络间谍很有吸引力。比如最近一个叫做Koobface的木马同时袭击了MySpace和Facebook、Twitter,并且将受害机器变成"僵尸电脑",进而形成"僵尸网络"。网络间谍通过窃取会员的用户名和密码,使用营销信息或者转发第三方网站攻击用户的好友,最终找到他们需要的资讯,实现窃密的需求。[2]

此外,随着社交网站在国内的高速发展,很多涉密人员由于缺乏足够

---

[1] 马荣贵:《网络间谍现状研究》,载《情报杂志》2002第9期。
[2]《Sophos2009安全威胁报告》,(http://article.pchome.net/content-786769.html),2008年12月25日。

的防范意识，在社交网站上公布自己的真实姓名、真实照片，以及其他一些涉密信息。国外的网络间谍往往通过注册虚假信息与其成为好友，博取信任，最终窃取相关的涉密信息，这在国内的社交网站上已经变得很普遍，这点需要引起相关部门的重视。

四、信息安全与中国的国家安全战略对策

信息安全不仅是当前一个全球性的现实问题，也是构成网络时代国家安全的基础和前提。没有信息安全，就不会有真正的政治安全、文化安全、军事安全和经济安全，更不会有完全意义上的国家安全。可以毫不夸张地说，信息安全在21世纪完全能与核武器对一个国家的重要性相提并论。[1]

网络间谍战是一个崭新的领域。在网络间谍战中，知识和技术是决定战争胜负的根本因素。未来的社会是网络的社会，它仍然会在激烈的竞争中发展，而网络间谍在未来的网络大战中始终是交战双方都需要认真研究和对付的一支可怕的力量。[2] 随着全球信息技术的高速发展，信息安全对中国国家安全的作用越来越重要，如何在新的形势下处理好网络安全问题，构建综合防范体系，减少网络间谍给中国国家安全带来的危害已经变得日益重要。

要保障我国的信息安全必须充分明确信息安全保障的战略地位、目标和作用，建立健全信息风险的预警机制和防范机制、信息安全的管理机制，加强信息安全的关键技术与核心技术的研究开发、信息安全的法制建设和标准化建设，搞好信息安全的人才培养、引进和使用，依靠高素质人才保障我国信息安全，维护国家安全。

总之，构建一个具有中国特色的信息网络保障体系，是中国这样一个发展中大国摆脱敌对国家和敌对组织信息渗透的重要基础和前提。虽然境外网络间谍的手段花样百出，但从掌握的情况来看，几乎所有的网络窃密

---

[1] 胡键、文军：《网络与国家安全》，贵州人民出版社，2002年版，第196页。
[2] 黑基：《网络间谍》，载《信息化建设》2005年第10期，第46页。

都利用了我国网络安全管理的漏洞;只要我们提高警惕,网络间谍也并非不可防范。[1] 维护网络安全,最重要的是全体国民的头脑中都应建有一道信息安全"防火墙",让网络安全警钟长鸣,只有这样,才能真正筑起一道坚不可破的信息安全长城。

第三节 网络恐怖主义与国家安全

人类社会已经步入网络和信息时代,网络与信息与每个人的生活息息相关,互联网的普及率不断提升。据市场研究机构波士顿咨询公司(Boston Consulting Group)最新报告显示,世界网民数量到2016年将达到30亿,约占全球总人口的45%。[2] 随着信息技术的发展与时代变迁,现实生活中出现了两个世界:物理世界(Physical World)和虚拟世界(Virtual World)。虚拟世界源于物理世界,又有开放性、共享性、交互性等区别于物理世界的特点。人们需要在这两个世界中不断转换角色。可以说,网络与信息正改变着人们的活动方式和思维方式。

网络信息时代赋予了原有概念的新内涵,诸如信息安全、网络安全、信息战、网络民族主义、网络恐怖主义等概念(Compound Words)适应时代产生并开始得到广泛关注。恐怖主义一直以来已被视为对人类最大的威胁之一。随着信息技术的发展,恐怖主义也超越了传统的依靠暗杀、爆炸、绑架、劫机等手段,而转向了依靠高科技网络信息技术制造恐怖达成某种政治目的的新型恐怖主义——网络恐怖主义[3]。

一、网络恐怖主义:对传统恐怖主义的超越

现实中,因传统理念、意识形态、社会文化的差别,很难对恐怖主

---

[1] 三石:《网络间谍:这里的战争静悄悄》,载《东北之窗》2007年第24期,第57页。
[2] 人民网(http://it.people.com.cn/GB/16956170.html)。
[3] 从培影、黄日涵:《网络恐怖主义与国家安全》,载《江南社会主义学院学报》2012年第2期。

义作出统一界定。国际社会中,各国对这一问题存在分歧也存在共识。恐怖主义从活动层面上来讲,最大的特点是对无辜人群造成的暴力伤害,是一种"暴力转移"或"异态复仇"。在恐怖主义伤害平民的问题上,争议不大。在行为主体和组织层面上,恐怖主义是否有明确政治目的,却有较大争议。尤其是在对恐怖主义组织进行认定的问题上,通常会出现"被一国认定为恐怖主义可能在另一国看来是为争取民族解放与独立的斗士"的情况。网络恐怖主义作为网络与恐怖主义的复合体,既承载了恐怖主义自身的特征,同时借助网络载体和信息工具,增加了新的时代特征。现实中,只有对网络恐怖主义进行较为明确的界定,才有可能对这个问题进行更加深入的研究。

(一)网络恐怖主义的概念界定

网络恐怖主义研究兴起于美国,来源于信息战(Information Warfare)。网络恐怖主义被认为是信息战的重要组成部分。[1] 基于对信息战的研究,信息安全专家学者开始关注网络恐怖主义这一新兴事物。

美国加州情报与安全研究所资深研究员巴里·科林(Barry Collin)1997年在讨论恐怖主义从现实世界到虚拟世界超越的问题中,最先提出了"网络恐怖主义"的概念。他认为网络恐怖主义是网络与恐怖主义的结合(Converge)[2]。美国联邦调查局的专家马克·波利特(Mark Pollitt)认为,网络恐怖主义是有预谋的,有政治目的的,针对信息及计算机系统、程序和数据的攻击活动,它是由国家集团或秘密组织发动的打击军事目标的暴力活动。[3] 美国战略国际研究中心(The Centerfor Strategicand International Studies,CSIS)认为,网络恐怖主义是应用计算机网络工具关闭一国基础设施(能源、交通、政府运营等)或者胁迫、恐吓政府或普通民众。原美国联邦调查局高级研究员、纽黑文大学教授威廉姆·塔夫亚(William

---

[1] Robert Taylor, Eric Fritsch, Tory Caeti, Kall Loper, and John Liederbach.Digital Crime and Digital Terrorism [Z] (Upper Saddle River, NJ: Pearson Prentice Hall, 2011, p19.
[2] Barry Collin.The Future of Cyberterrorism," Crime & Justice International Journal [J],March 1997, p15.
[3] Mark Pollitt, "A Cyberterrorism Fact or Fancy?", Proceedings of the 20th National Information Systems Security Conference,1997,p285-289.

L·Tafoya)认为恐怖主义是通过应用高科技实现政治、宗教、意识形态目的，使重要基础设施数据瘫痪或者被删除而引发严重后果的行动，目的是恐吓普通民众。[1]

"9·11"恐怖袭击事件发生后，中国学者开始关注网络恐怖主义，在国外研究成果的基础上，尝试给网络恐怖主义作比较系统、明确的界定。有学者认为，网络恐怖主义就是非国家组织或个人有预谋地利用网络并以网络为攻击目标，以破坏目标所属国的政治稳定、经济安全、扰乱社会秩序、制造轰动效应为目的的恐怖活动，是恐怖主义向信息技术领域扩张的产物。[2] 还有学者提出了广义"信息恐怖主义"的概念，认为它不仅包括网络恐怖主义，还包括利用各种大众媒体如电视、广播散布恐怖信息，制造恐怖气氛以及对国家或地区的政治、经济、军事等各种信息基础设施予以破坏的行为。也有学者从较为宽泛的角度认为网络恐怖主义是使用信息破坏手段来达到政治目的的组织行为。[3]

从以上的概念界定中，我们认为不应该对网络恐怖主义作过于局限的界定，从网络与恐怖主义结合的角度界定恐怖主义更具可取性。首先，网络恐怖主义的行为主体，既可以是个人也可以是非国家行为体。传统的恐怖主义必须是一种组织行为，而网络恐怖主义的主体可以是单个个人，不必然与组织发生联系。其次，网络恐怖主义的活动方式是利用网络技术服务自身或者对网络实施破坏。它既包括恐怖主义使用网络技术传播意识形态理念、招募成员、影响受众等，也包括恐怖主义对目标国实施网络袭击，制造网络恐慌。再次，网络恐怖主义的行动后果是对平民和无辜者造成伤害，进而达到了恐怖活动的目的。最后，网络恐怖主义在属性上，有明确的政治目的。这是它区别于网络黑客的基本特点，因为网络黑客在实施网络袭击时可能完全是随意的，是为了突出个性的，而并不一定具有明确的政治目的。

---

[1] William L Tafoya. Cyber Terror [J]. FBI Law Enforcement Bulletin.2011(11)，p2.
[2] 唐岚：《网络恐怖主义面面观》，载《国际资料信息》2003年第7期，第1页。
[3] 余潇枫、潘一禾、王江丽：《非传统安全概论》，浙江人民出版社，2006年版，第114页。

(二)网络恐怖主义的特征

网络恐怖主义借助于网络信息技术的发展,使自身具有了时代特征和生存优势。第一,网络具有无国界、开放性的特点,使网络恐怖主义活动更为灵活、分散,更难于掌握、难于防范、难于有效实施应对措施。现实世界中,恐怖主义的组织、活动是有明确地域限制的;而网络恐怖主义打破了对地域的限制,只要有互联网存在的地方,网络恐怖主义可以存在于世界上的任何角落。第二,网络信息资源具有交互性、共享性的特征。一方面,恐怖主义可以将思想和理念传递给其成员和受众,同时跨国恐怖主义组织和地区恐怖主义组织便于在信息上实现共享。第三,传统恐怖主义在实施暴力时通常会有一定的迹象,实施袭击的动作较大。而网络恐怖主义具有高度隐蔽性,袭击的过程是无声无息、悄然进行的,直到造成了严重后果,才会引起人们的高度关注。第四,网络自身具有便捷、及时、传播广泛的特征,使恐怖主义在宣传思想理念方面,实现最为迅捷的信息传递。只要应用能被理解的通用语言,传播范围就非常广泛。第五,低成本特征明显。传统恐怖主义在袭击中,既有一定的风险性,同时也要付出一定成本。而网络恐怖主义在一定程度上克服了这一问题。只要有一定技术的人员和与互联网连接的计算机,并在相对隐蔽和独立的空间里,恐怖主义实施行动就可以进行,这大大降低了恐怖主义实施的风险和成本。

网络恐怖主义在行为主体、活动方式、产生后果、自身特征方面都对传统恐怖主义实现了超越。它是网络信息时代的产物,也在不断适应着时代的发展。这些超越本身使其具有了更广泛的活动领域和更强的生命力,同时对国际社会和各国的国家安全提出了新的挑战。

二、网络恐怖主义:国家安全的新挑战、新问题

任何新生事物的产生与发展对人类社会都会产生影响。这些影响既有现实的影响,也有观念上的影响。这些影响中,人们最为关注的就是安全

问题。安全是人们追求的首要价值,也是国家发展方略的首要指向。一般意义上,安全指客观上不存在威胁,主观上不存在恐惧。[1] 信息时代安全的概念也发生了新变化,在享受着网络信息带来便利的同时,人们将关注点也开始放到网络信息安全的思考与研究方面。人们逐渐认识到,网络自身存在脆弱性和易受攻击性的缺陷。这些缺陷为网络恐怖主义依靠网络技术,制造网络袭击提供了契合点和生存发展空间。

(一)网络恐怖主义多样的活动方式

网络恐怖主义具有活动多样性的特点。归纳起来,一般包括网络袭击和网络宣传两种方式。网络袭击目的性明显,即直接制造破坏,带来恐惧。而网络宣传,则是网络恐怖主义实现生存发展的重要途径。

1. 网络恐怖主义的新型袭击方式

随着人们日常生活实现全面网络化,也给网络恐怖主义袭击国家日常运行的网络提供了可乘之机。国家的网络程度越高,风险也越大,袭击引发的后果也越严重。传统意义上的网络袭击主要是制造计算机病毒、木马等,入侵计算机系统,使系统崩溃。近年来,随着信息技术的发展,出现了一些新型的攻击方式。这些攻击更难于防范,影响力和破坏力也更加巨大。

拒绝服务攻击(Denialof Service Attack)。攻击者进行拒绝服务攻击,实际上让服务器实现两种效果:一是利用传输控制协议(Transfer Control Protocol,TCP)缺陷迫使服务器的缓冲区满,不接收新的请求;二是使用IP欺骗,迫使服务器把合法用户的连接复位,影响合法用户的连接。拒绝服务攻击一直得不到合理的解决,究其原因是由于网络协议本身的安全缺陷造成的,从而拒绝服务攻击也成了攻击者的终极手法。

电磁脉冲炸弹(Electromagnetic Pulse Bombs)和高能电波频武器(High-energy Radio Frequency Weapons)的出现。网络恐怖主义实施者可以利用电磁脉冲炸弹使电脑芯片超载,可以造成对计算机主板的持续性损伤,并破坏数据存储系统。高能电波频武器也一样是对袭击目标,造成发热以及

---

[1] 王逸舟:《全球化时代的国际安全》,上海人民出版社,1999年版,第36页。

机械伤害。[1]

逻辑炸弹（Logic Bomb）是一种特定网络袭击手段。它是在特定逻辑条件满足时，实施破坏的计算机程序，该程序触发后造成计算机数据丢失，计算机不能从硬盘或者软盘引导，甚至会使整个系统瘫痪，并出现物理损坏的虚假现象。引发时的症状与某些病毒的作用结果相似，并会对社会引发连带性的灾难。与病毒相比，它强调破坏作用本身，而实施破坏的程序不具有传染性。一个逻辑炸弹是非常类似的一个真实世界的地雷。

在我们看来，传统的袭击方式是制造破坏。比如在自杀式炸弹袭击后，留下让人触目惊心的场面。在暗杀、绑架行动中，制造令人恐惧的血腥场面。这些网络袭击新方式的出现，使袭击变得如此隐蔽和平静，但造成的恐慌和灾难的严重程度决不亚于传统恐怖主义。

2. 网络恐怖主义新型舆论宣传方式

网络恐怖主义既然是"主义"，那么它也体现某种意识形态的特质。思想与意识形态必须通过有效的散播与传导，才能实现其存在价值的最大化。当代具有较大影响力的恐怖组织也开始将目光投向对网络技术的应用。以基地组织为例，除了将网络作为其指挥和控制（Commandand Control，C2）的工具外，也将网络作为其重要的宣传工具（Dissemination Mechanism），来散播其极端主义思想和意识形态。基地组织就是通过公开资源进行宣传引导的。这是恐怖主义组织与受众和潜在支持者实现有效沟通的重要途径。同时，恐怖主义还利用打造"明星"和典型案例的方法来吸引受众。2007年8月，一个服务器设置在美国的网站，就发布基地组织头目扎卡维（Zarqawi）的布道。影像包含一段汽车炸弹袭击后，平民与美国士兵伤亡的场景。影像资料通过网络的转发、下载实现了最大范围的传播。同时基地组织的成员或者新成员，也向网络寻求指导性帮助。比如使用武器方法、制造炸弹和战术应用以及自杀性炸弹袭击者实施袭击的一

---

[1] William Graham, Chairman, Critical National Infrastructures, "Report of the Commission to Assess the Threat to the United States from Electromagnetic Pulse (EMP) Attack," EMP Commission, http://empcommission.org/docs/A2473-EMP_Commission-7MB.pdf

些影像资料等。近年来，手机实现网络化后，流动影像（Streaming Video）增强了恐怖主义者对于信息的有效获取。在一些诸如恐怖主义网站当中，也附带了论坛和博客讨论专区，来向新成员展示成员对于极端主义理念的解读。[1] 有效的宣传才能最大化地实现网络恐怖主义存在的价值，广泛的、深入的引导才能实现网络恐怖主义组织成员的"更新换代"。

（二）网络恐怖主义对国家安全的新挑战

全球化推动了网络化和信息化的发展。网络信息时代，人们对于安全的研究认识也有了新的维度。信息已经成为国际上争夺的重要资源，网络信息安全已经成为国家安全的一个重要因素。网络信息安全又是一个综合的领域。从军事、政治、经济到日常生活，都涉及网络信息安全。美国空军负责网络战事务的太空司令部司令威廉·谢尔顿上将日前透漏，目前美国空军正在加紧对网络空间制权的研究。[2] 可见网络空间的安全已经成为现实世界"兵家必争之地"。在和平的环境中，恐怖主义离我们似乎很远，但是在网络信息时代，恐怖主义离我们的生活却很近。

1. 网络恐怖主义对主权观念的挑战

从国家政治安全角度而言，国家层面的安全是指政权稳定、领土主权完整。但从现实世界到网络世界的发展，主权的概念从物质世界拓展到了网络世界。网络主权（Cyber Sovereignty）的概念被提出来。在现实中，各国对于领土范围享有最高主权，而在网络世界中，传统的主权观念受到挑战。网络最基本特征就是开放性和共享性。没有了信息的交流与互动，也就不会有网络的存在。网络实现了真正意义上全球一体化和主权无国界。在一国有巨大影响的网站可能主服务器在另一国。恐怖主义本身就具有跨国性特点。而信息网络技术进一步强化了这一特征。网络信息化是时代发展的需要，一国国内网络信息化程度越高，其受到攻击的风险也越大。2007年，爱沙尼亚共和国已经感受过网络恐怖袭击的残酷性。由于爱沙尼亚政府把

---

[1] Lynne Manganaro. Combatting Cyber Extremism in the Global Environment [J].iosphere,summer, 2008 (8)，p34.
[2] 章名岂：《美军预算优先拨给网络战》，载《环球时报》2012年2月21日。

地处首都塔林的苏军解放塔林纪念碑进行了搬迁，在没有任何预兆的情况下，政府网站突然被电子信息淹没，攻击次数呈指数式增长。继国会电子邮件服务器之后，政府、银行、新闻媒体和大学的网站等数百个目标全部沦陷，这一事件在爱莎尼亚国内造成了大规模骚乱。[1] 后来的事实证明，此次爱沙尼亚是受到了他国网络恐怖主义的袭击。信息主权在全球一体化的背景下易受到某种程度上的侵蚀，主权又是国家的根本，因此各国更加珍视信息主权，开始着手构建防范网络恐怖主义和信息战的防御阵线。[2]

2. 网络恐怖主义对安全层次的拓展

传统安全关注的是军事、政治和经济安全。参照马斯洛的"需求理论"，安全研究将关注点也作了层次化分析，传统的军事、政治、经济安全处于基本层面，而信息安全、人的安全则处于较高层次。人的安全的概念最早出自1994年联合国开发计划署（UNDP）的《人类发展报告》。该报告指出人类安全包括两个主要方面：第一，免于饥荒、疾病、压迫等慢性威胁；第二，免于家庭、工作和社区等日常生活场所中的危害性和突发性干扰。该报告还列出了人类安全的七大要素：经济安全（基本收入有保障）、粮食安全（确保粮食供应充足）、健康安全（相对免于疾病和传染）、环境安全（能够获得清洁水源、清新空气和未退化的耕地）、人身安全（免遭人身暴力和威胁）、共同体安全（文化身份安全）和政治安全（基本人权和自由得到保护）。[3] 网络恐怖主义对基础设施和普通平民造成较大的伤害，关注的视角也从对于军事设置安全的关注拓展到基础设施乃至人的安全的关注。在将关注点转向信息安全的同时，人们也将落脚点转向了对人的安全的关注。

在和平与发展的两大主题下，社会的稳定、国民生活水平的提高成为更为重要的关注点。在政治、军事、经济安全有保证的前提下，才能将人的安全提上日程。网络恐怖主义袭击的对象是更加脆弱的"软目标"。为

---

[1] ［美］亨利·凯尼恩：《揭秘2007年爱沙尼亚遭大规模网络攻击事件始末》，(http://www.china.com.cn/military/txt/2009-11/20/content_18927324.htm)。

[2] 吴汉钧：《全球网络大战来临？》，(http://www.zaobao.com/special/feature/pages/feature091206.shtml)。

[3] 胡远：《人的安全：概念、争议及实践》，载《人权》2011年第2期，第17页。

了减少国民对所处环境中各种威胁的恐惧，各国将安全关注的层次和维度进行了不断拓宽。

3．网络恐怖主义对文化安全的威胁

恐怖主义在当代还具有存在的可能，究其原因是恐怖主义借用了意识形态的导向作用。现实社会中，恐怖组织的根源在于其深刻的文化动因。单纯的经济发展差距，不能解释恐怖主义存在的现实基础，也无法解释奥萨马·本·拉登（Osama Bin Laden）放弃富豪身份去做一个到处躲避追捕的恐怖组织领导者的极端现象。基地组织在现实中，也是打着反对侵略、反对压迫、反对不公正的旗号。恐怖主义袭击造成的伤害，在平常人看来是罪恶；在充满怨恨的人看来，却是一种复仇。恐怖主义组织正在利用网络信息技术，借助网络平台，宣扬其极端的"反抗文化"。网络信息技术成为其发动所谓文化战争的攻击载体，网络平台成为其发动网络袭击、宣传极端理念的阵地。可以想象，在不需要明确身份，不需要承担法律责任的网络世界里，虚拟的文明冲突会比现实的文明冲突来得更加猛烈。为了避免出现这样的后果，要更加深入地去根除恐怖主义产生的根源，也就是从文化安全的视角来重新理解它，用文化融合包容的理念去化解敌对与仇恨，才能从根本上消除网络恐怖主义的隐患。

三、应对网络恐怖主义的有效措施

网络恐怖主义手段新颖，又兼有隐蔽性、跨国性、跨界性的特点，因此打击网络恐怖主义对于各国维护国家安全来说，挑战和难度很大。在现实中，在防范打击网络恐怖主义方面，各国也都探索出一些成功的经验，尤其是超级信息大国美国。这些经验对于中国这样的新兴大国和信息大国来说都具有重要的借鉴意义。

（一）提高公众对网络恐怖主义的防范意识

网络恐怖主义是灵活而分散的，很难提前预知。因此打击网络恐怖主义的首要方式是防患于未然。对于执法部门和信息安全部门来说,需要对网络恐怖主义保持高度警惕,打击网络恐怖主义需要有充足的资金、人员和专业培训作为保证,同时要提高普通民众的防范意识,鼓励普通民众在发现情况后,及时与相关部门联系。美国在这方面就有较为成功的案例,纽约市在防范犯罪方面,提出了"发现即通报"(See Something, Say Something)的宣传口号。时代广场的路人、商贩和退伍老兵都成了纽约警察部门的"眼线",致使一起由塔利班资助的汽车炸弹袭击计划被挫败。当然对现实中的违法犯罪和恐怖主义活动的监控较为容易,因为这里不涉及信息技术问题。而网络恐怖主义是一种高科技领域的袭击和犯罪,这就要求提高公众的信息基础知识和理论水平。

(二)倡导网络信息领域的自主创新意识

网络恐怖主义的袭击方式虽然多样,但多数情况下计算机病毒、逻辑炸弹等是借助网络漏洞才能入侵计算机信息系统的。据统计,全球80%以上的用户使用的是美国微软公司(Microsoft Co)生产的Windows系列操作系统,而英国一家安全顾问公司发现Windows系列操作系统都为美国国家安全局留有侵入用户计算机的"后门",可以使他们在不被用户发现的情况下查询用户的文件,并可以随时控制用户的计算机。全球最大的芯片生产商英特尔公司的CPU同样具有这种功能。网络恐怖主义分子同样可以利用这样的"后门"进行网络恐怖主义活动。[1]对于像中国这样的新兴国家,在应用既有网络信息技术的基础上,要致力于开发本国的防御入侵软件和操作系统。

(三)各方积极合作应对新的挑战与威胁

网络恐怖主义具有跨界性和跨国性的特征。跨界性是指网络恐怖主义既是一种犯罪,也是一种安全威胁。在一国国内,防范打击恐怖主义方面涉及多个职能部门,各部门之间应该实现明确分工、信息共享,并形成一套有效合理的合作机制,并有相关的国内法规作为制度保障。跨国性需要

---

[1] 陈钟:《论网络恐怖主义对国家安全的危害及其对策》,载《江南社会学院学报》2004年第2期。

各国通力合作共同防范打击网络恐怖主义。2011年6月为期两天的"第二届全球网络安全峰会"在英国伦敦开幕。来自42个国家和地区的400多名代表与会,他们围绕各国面临的互联网安全问题和如何加强国际合作、维护信息安全等问题进行研讨。[1] 网络安全峰会的召开为各国寻求网络空间的合作,共同防范风险提供了平台。

(四)终极目标是打赢"思想战""心理战"

随着网络信息时代的到来,青年人成为网络世界中的重要力量。他们在成长过程中,不断地接触信息技术,不断构建网络文化,因此在网络空间中,无论在数量上还是在技术应用方面都占有绝对优势。2012年1月16日,中国互联网络信息中心(CNNIC)发布《第29次中国互联网络发展状况统计报告》显示,截至2011年底,中国网民数量达到5.13亿,其中29岁以下网民占58.2%,学生网民占30.2%。[2] 数据显示年轻网民的比重还在不断增长。而年轻人也是网络恐怖主义的绝对主体。人口年轻化是阿拉伯国家的普遍特点。埃及人口中有60%在30岁以下,但在2007年,青年劳动人口中(15~29岁)失业率为21.7%;在突尼斯,2005年数据显示,青年失业率高达27.3%。[3] 失业加之思想空虚,使年轻人投向了恐怖组织的怀抱。网络恐怖主义能够有生存空间,一是依靠不断招募新成员,补充新鲜血液;二是依靠强大思想引导。彻底根除网络恐怖主义,需要让年轻人融入社会,实现对其的正确引导。让年轻人认同主体社会,使网络恐怖主义失去生存源。

综上,网络恐怖主义离我们并不遥远。我们的日常生活已经无法与网络与信息隔绝。网络世界中,安全的维度更广,威胁也更多。无论在现实世界还是虚拟世界,安全都是一种稀缺的资源。防范威胁、增强安全感是

---

[1] 司鸶:《伦敦全球网络安全峰会共商合作维护信息安全》,新华网(http://news.xinhuanet.com/world/2011-06/02/c_121487285.htm)。
[2] 《解读"第29次中国互联网络发展状况统计报告"》,新华科技(http://news.xinhuanet.com/tech/2012-01/17/c_122595998.htm)。
[3] 张翅、倪伟峰:《中东变局星火燎原青年两位数失业率大考验》,(http://finance.cf8.com.cn/news/20110221/2126.shtml)。

国际社会中各国都在追求的目标。中国作为发展中的新兴大国，需要从更加多层次、多维度的角度来关注安全。我国从经济大国、政治大国到文化大国、信息大国的道路还很长。借鉴成功经验，加强风险意识对于维护国家安全具有重要的现实意义，如何防范威胁、应对挑战成了衡量和考验一个综合性大国的重要指标。

第四节 网络舆论与外交决策安全

随着网络信息技术的高速发展，人类社会已经步入Web2.0时代。Web2.0时代最主要的特征是更加注重互联网用户之间的交互作用，诸如SNS、博客、P2P、Microblog等新型服务开启了自媒体时代，个人开始成为互联网信息提供与分类的主体。Web2.0时代更加体现了网络信息技术的全民性，互联网成为公众获取信息、表达看法的重要平台。舆论导向与公众参与是影响外交决策的重要因素。自媒体时代下的网络舆论成为公众对一国外交政策表达观点的重要渠道。同时，网络舆论也成为政府提供了解公众观点与态度的重要途径，更为重要的是网络公众舆论推进了外交决策科学化与民主化的进程。[1]

一、全民网络时代的舆论及其特征

众所周知，网络舆论的主体是广大网民，截至2011年12月底，中国互联网络信息中心(CNNIC)发布报告称，中国网民数量达到5.13亿，全年新增网民5580万，其中我国微博用户数达到2.5亿。[2] 由此可见，我国几乎已经步入了一个全民网络时代，互联网新应用、新服务为人们表达意见提供了更广阔的空间。博客、微博、视频分享、社交网站等新兴网络服

---

[1] 黄日涵、从培影:《Web2.0时代网络舆论对外交决策的影响分析》，载《理论视野》2012年第6期。
[2] 腾讯网(http://news.qq.com/zt2010/zhghlw/index.htm)。

务在中国的迅速发展,为中国公民通过互联网进行交流提供了更便捷的条件。网民踊跃参与网络信息传播与创造,大大丰富了互联网的信息资源,同时也通过网络平台对国家内政外交施加影响。

与此同时,互联网的高速发展为学术研究带来了许多新的契机,互联网时代的新型舆论方式——网络舆论已经逐渐成为社会各界关注的焦点。网络舆论就是通过互联网表达的社会公众舆论。网络舆论有广义和狭义之分。网络传播兼容了人类传播的两种主要形式:在互联网上,既有传统的大众传播,如新闻媒体通过网站发布新闻供网民浏览或收看;也有新兴的人际传播,如SNS、博客、微博、QQ群等。因此,广义的网络舆论几乎包含了所有的社会舆论形式,既有经过精心选择的经由传统新闻媒体表达的新闻舆论,也有未经任何过滤的公众舆论;既有各种利益集团及其代理人故意制造的舆论"气球",也有来自草根阶层的真实民意。它们的主体也是多样的,这让网络舆论充满了矛盾和复杂性。[1]

随着网民数量的急剧增加,互联网舆论的重要性也日益凸显。一方面由于互联网传播的开放性特点,使得现实中无法有效获得意见表达渠道的网民找到了相对自由的意见表达平台;另一方面互联网传播的虚拟性特点,促使现实中的个人一旦到网络上便放开了对自我的束缚。这些特点使网民总体上呈现出群体极化、非理性等特征。

(一)群体极化特征

美国学者凯斯·桑斯坦在《网络共和国——网络社会中的民主问题》一书中提出了"群体极化"这一概念。他提出,"群体极化的表现极其简单:团体成员一开始即有某些偏向,在商议后,人们朝偏向的方向继续移动,最后形成极端的观点。"他特别强调在网络和新的传播技术的领域里,志同道合团体会彼此进行沟通讨论,到最后他们的想法和原先一样,只是形式上变得更为极端。[2] 法国社会学家勒庞认为组成群体的不同成员在作

---

[1] 邹军:《试论网络舆论的概念澄清和研究取向》,载《新闻大学》2008年第2期,第135—139页。
[2] 凯斯·桑斯坦:《网络共和国——网络社会中的民主问题》,上海出版集团,2003年版。

出判断时，其智力水平无关紧要，聪明人也会变得智力低下，并且由于群体成员也深受名望的影响，所以极易被权威左右。[1]实践证明，网民中的"群体极化"倾向更加突出，有相关信息显示群体极化倾向在互联网上发生的概率远远高于现实生活。出现这一特点的另外一个原因是，在互联网这种传播模式中，非理性、易激动的特点在网民中更为严重。这一特点在讨论中很容易导致参与讨论者态度偏激，并以十分激烈的言辞表现出来。在BBS上、微博上、SNS社区上，处处可见网民争相发言之激烈。

（二）非理性特征

由于互联网中使用的大多是虚拟身份，一般情况下网站并不需要个人提供真实可靠的个人信息。因此个人在表达自身观点时往往容易忽略自身所应具有的社会责任和公共意识，因为他们觉得这一切都是匿名的、虚拟的。这种互联网传播的独特特点，使得个人在网络中的态度表达和观念陈述也往往会扩大情绪性和非理性，带来行为主体的非理性倾向。

网络舆论表达给人们以绝对自由的错觉，并由于他们受到非理性和无意识力量的支配，人们有可能很情绪化地表达那些自己并不成熟的看法。因此对于网络的民意表达要小心地应对，因为当社会民主转而成为集体的非理性，可能不仅不利于正确表达个人意愿，反而会成为社会不稳定的催化剂。任何事物都具有两面性，网络舆论也如此，机遇与挑战并存着。虽然一方面网络舆论具有群体极化和非理性等特征，但另一方面也说明了广大民众的参与热情。网络舆论作为一种社会现象，更代表了舆论的普遍性与多元性特征。所谓普遍性是就其规模而言。在网络社会中，能成为被热议的话题，并形成较多人认同的观点，就具有了较强的代表性。多元性是就其内容而言，基于网络具有开放性、虚拟性的特点而言。网民可以表达不同的声音，阐述不同的观点，代表不同的利益群体。在外交决策科学化与民主化的进程中，普遍性与多元性是政府必须考虑的重要因素。正是由于网络舆论代表了普遍性和多元性的特点，因此在对外决策过程中的影响力也日趋重要。

---

[1] 勒庞：《乌合之众——大众心理研究》，中央编译出版社，2000年版。

二、网络舆论对外交决策的影响分析

随着公众政治参与意识的增强，对外政策上的网络舆论表达日渐发达。在互联网Web2.0时代，民众参与政治的热情更加高涨，人们往往通过网络媒体来发表自己的看法，从而影响到外交决策。因此在当今条件下，舆论对外交决策的影响，更多地表现在互联网媒体上。一般情况下，政府进行外交决策时必须兼顾公众舆论，这是因为公众舆论体现了人心的向背。外交决策在实施过程中，若能兼顾公众舆论，就会得到公众的支持，取得成功；公众舆论是民心民意的直接体现，一旦外交决策违背了民心、民意，在公众舆论的压力下，政府有可能面临危机。在一些实行普选制的国家里，因为是由公众投票选举负责制定政策的领导人，所以公众支持率是每个政治家都极为关心的问题，公众舆论又会对决策起到很重要的影响作用，特别是对某些极为突出的外交问题。当然公众舆论要对一项政策产生影响，必须有一定的量的规模和质的规模：量的规模是指有相当数量的公众对政府的同一项政策有相似的看法和要求；质的规模是指大众舆论的表现方式应特别强烈，可以引起政府决策部门的重视，从而对政府决策产生一定的影响。[1]

（一）网络舆论影响外交决策方式分析

传统的政府决策中，决策过程像一个黑箱，外面的人们往往看不到决策体系内部运作的实际情况，只能透过政策出台的最终结果来认知政策。这是由于，一方面，政府没有通过有效的媒介手段搭建平台，及时地向公众提供公共决策中非保密的各种信息，未能建立公共决策项目的预告制度和重大事件向社会公示的制度，从而不能使公民方便地了解、监督。另一方面，社会也缺乏公民有序地参与决策的途径，普通公民即便想参与某项公共决策，也似乎总是苦于找不到渠道。

大多数人对于外交决策的过程，都是一无所知的，因此公众基本上无法参与，只能被动地执行已经确定的决策。但是在互联网时代，这种情况

---

[1] 郭新昌、罗鹏部：《外交决策及其影响因素》，载《河南广播电视大学学报》2007年第3期，第17页。

发生了很大改变。由于网络信息的共享性,打破了政府垄断决策信息的局面,有效缓解了公民之间、公民与决策主体之间在信息占有、支配和使用方面的差异,为私人主动提出公共政策问题提供了宽松的平台,使公共决策主体走向大众化。

广大网民通过网上 BBS 发表言论、QQ 签名请愿、在微博发布观点等方式参与外交决策。与此同时,负责外交决策的部门也开始意识到,在现代社会,在全球一体化的大背景下,政府的对外决策构想是需要得到民众了解和认可的,因此,需要向社会作出解释,最大限度地获取民众支持。换言之,对外决策应在信息公开透明的基础上作出,这将日益成为现代外交决策的重要原则,也是公民对外交决策进行舆论监督的前提条件。

网络舆论通过个人意见转化为多数人的集合意见形成合力的方式影响外交决策。在 IM、SNS 以及微博中,个人根据自己对社会问题的理解,发表对社会事件的看法。当越来越多的网上个体对某一事务进行呼应或发表不同看法时,各种意见会聚成社会舆论,这些多元观点的公共论坛就有可能形成哈贝马斯所说的共同理解的沟通渠道,形成"无限制的交往共同体",网络公众一致意见形成之后,就将对现实社会中的外交决策产生影响和作用。

(二)网络舆论在外交决策中的作用分析

媒体在西方社会中被称为"无冕之王",并作为第四力量在国内政策以及外交政策的制定过程中发挥着一定程度的影响力。而相对于国内政策而言,媒体对外交决策的互动影响作用又显现出其突出的特点,尤其在这个信息技术和全球化迅速发展的时代。正如帕特里克·欧赫夫纳所述:"以前当被问及媒体和他们的工作时,外交政策制定者们常常挂在嘴边的就是媒体推动政策前进或者使之'冷却'的作用。但对于现在的大众媒体业而言,其所发挥的作用却远远超出简单地推动或是阻碍。"[1]

网络媒体在外交决策中起着作为最为迅捷的消息来源的作用。互联网

---

[1] Patrick O'Heffernan, Mass Media and American Foreign Policy, Ablex Publishing Corporation Norwood, New Jersey, 1991, p37.

媒体作为一个国家对外宣传报道、引导舆论的工具还起着对外释放外交信号、对内接受外交信息的功用。由于互联网媒体的交互性特点，因此网络媒体对于向外国政府及民众宣传报道本国外交行为及政策主张，施加影响力，并接收国外政府、团体、民众的信息及主张方面有着得天独厚的优势，尤其体现在外交政策及行为方面的信息，通过吸收、反馈这些信息进而影响本国决策者的决策行为。

网络媒体在外交决策、谈判等过程中也充当着信息发布平台的作用。尤其是在Web2.0自媒体时代，信息传播的速度更是快得惊人。而Web2.0自媒体时代，每个个体都成为网络信息发布者，个体发布者通过对信息的转发可以加快信息传播的速度，提升其传播的广度，充分发挥一个信息平台的作用，形成上传下达，最终影响外交决策。

三、应对网络舆论影响的有效措施

总体来看，互联网媒体对于中国外交政策制定的影响明显增强，但其效果仍然有限。在中国，随着互联网传媒的影响日益增大，网络媒体表现出蓬勃发展的态势，并以其独特的优势在社会生活中发挥越来越重要的作用。随着中国国力的日渐上升，将会有更多的中国人对国际事务感兴趣；并且随着生活水平的改善和Web2.0时代网络技术的高速发展，将有越来越多的中国人自觉地参与到国际问题与外交政策问题的讨论中，并形成了具有相当代表性的观点。因此，我们必须积极进行正面引导，采取有效措施，合理应对网络舆论对外交决策的影响。

一方面主管外交外事的政府部门应该转变思路，主动出击，对互联网舆论进行积极的引导与沟通。这一做法不应该只局限在宣传政府的外交政策，更应该通过全面普及外交工作知识、国际关系知识，向广大网民说清楚、讲透彻，让网民全面认识我国面临国际环境的复杂性，以及外交工作的艰巨性。

另一方面要加强网络舆论的自身主体建设。从根本上讲，网络舆论中出现的问题只能依赖网络舆论本身的建设来解决，政府应该适当地加以引导和监管，但绝不能因噎废食，单方面的遏制网络舆论的发展，采用简单粗暴的删除、封杀的方法。要建设好网络舆论，需要培养广大网民的权利意识、责任意识和规范意识，培养网民理性、平和的精神，以国家利益为重。与此同时，众多外交外事工作者以及国际关系学者也应该积极参与到网络舆论的塑造过程中来。如果广大学者能够正确发声并且方式得当，加上他们拥有专业知识，就可以成为真正的"意见领袖"，有效地引导网络舆论。

虽然目前互联网媒体对于外交决策的参与机制有了极大的改进，但是互联网传媒对外交决策的影响依然有限。主要原因在于中国外交政策的决策过程仍然未充分开放，网络舆论如何影响，或者能在多大程度上影响外交决策，目前不好做出定量分析。

现在中国已经逐渐进入了全民网络时代，随着互联网技术的不断提高，互联网普及率的不断提升，人们通过网络影响外交决策的进程也将不断加速，因此，我们必须不断加强对网络舆论的研究，使其真正成为影响外交决策的正能量。伴随着公众参与热情的提升与政府和民众更好的实现良性互动，外交决策科学化、民主化进程也将得到有效推进。

第五章　信息安全对国际关系领域的影响

在以往的国际关系中，拥有丰富的有形资源、雄厚的工业基础，以及强大的军事力量的国家会成为国际关系中的主要行为体。因此，国家之间往往将掠夺资源，扩大生存空间，占领更为广阔的世界市场，作为相互之间竞争和争夺的主要目标，这也成了世界战争和冲突的主要原因。但是，随着互联网时代的到来，衡量一个国家综合国力的标准开始出现了变化。信息实力成为新的国家实力的标准之一，如何取得信息资源优势正在成为综合国力竞争的关键点。谁先占有了网络资源，谁就将获得潜在的经济利益和政治利益。

第一节 信息安全影响国际关系的模式分析

一、信息安全成为国际关系中的新影响因素

在以往的国际关系中,一个国家为了谋求安全、增强实力,主要是增强政治和军事实力,通过征服来为经济发展取得更多的资源和市场。但是在信息时代,信息网络广泛运用于国家的方方面面,信息安全关系到整个国家的国计民生,以及整个民族的安危,信息力日渐成为综合国力的重要组成部分。

（一）信息技术的发展改变了国家实力的内涵

信息正在转变为实力,国家权力的性质已经由高资本含量变为高信息含量。专家们认为,信息是新世纪世界政治经济的新的权力基础。信息力将成为国力的第一要素,信息安全将成为国家安全的第一考虑,信息主导权将成为大国竞争的制高点。国家信息力的强弱,将影响一国的兴衰,也是衡量一国综合国力和新世纪国际竞争力的重要标志。

（二）信息安全改变了国家谋求安全的方式

一国谋求安全的方式历来有两种,一是通过增强该国经济实力,二是通过国际合作。两者可同时使用,也可单独使用,通过实力谋求安全,一直是主要的、根本的。信息安全也不例外。但不同的时期,方式不同,对国际关系的影响不同。当前,信息安全正使国际合作成为谋求安全的主要方式。科技全球化、信息网络全球一体化,使得当今世界,任何一个国家无论其实力多么强大,都不能排除国家信息安全可能受到的威胁。因此要谋求信息安全必须加强国际合作。随着科技国际化的发展,通过国际合作防范和减少信息网络的危机动荡,并谋求信息安全,有一个逐步发展的过程,即国际合作的范围逐渐加大,程度逐渐加深。

（三）信息安全的凸现改变了国家主权的概念

"信息主权"概念提出,并成为国家主权中的一项重要内容。信息主

权是指通信与信息领域的主权，是国家主权在信息活动中的体现，国家对于政权管辖地域内任何信息的制造、传播和交易活动，以及相关的组织和制度拥有最高权力。信息主权对外则表现在，国家有权决定采取何种方式、以什么样的程序参与国际信息活动，并且有权在信息利益受到他国侵犯时采取必要措施进行保护。[1] 信息主权问题的出现，使国家主权的外延从原来意义上的陆地、海洋和领空，扩展到了无形的网络信息领域。信息跨地域的流动，使一个国家对信息的控制不再只是一个国家的内部行为，信息主权成为超越国家边界的问题。

二、信息安全问题影响国家乃至国际社会的繁荣与稳定

在信息时代，信息系统如果不安全，也就谈不上国家的整体安全，国家信息系统的不安全会使国家建设遭受到毁灭性的打击，并引发其他系统的不安全，如政治不稳定、经济系统失调、文化迷失、技术滞后等。计算机在国民经济各部门的广泛应用，以网络构建的金融系统，诸如银行、证券交易系统逐渐成为现代社会运行的核心系统。敌对国家通过侵入和破坏国家信息网络，可以对银行、证券交易所、空中交通管制、电话、电视、电力网等网络造成毁灭性的打击和破坏。一旦国家信息系统尤其是金融系统成为攻击目标，其结果可能会导致整个国家的财政金融崩溃，能源供应中断，交通运输混乱，引起人们恐慌和社会动荡，整个国家可能因此陷入瘫痪。

信息安全不仅影响一个国家内部系统，而且影响整个国际社会安定和繁荣。信息网络化对全球经济的影响最突出地反映在国际金融和商业贸易领域。由于很多无法克服的技术漏洞和安全缺陷，信息网络系统暴露出极大的安全隐患，很大程度上增加了国际社会经济的不安全因素。网络黑客、计算机病毒会对全球经济造成巨大破坏。信息安全问题虽然不同于硝烟弥

---

[1] 孔笑威:《全球化进程中的信息主权》，载《国际论坛》2000年10期。

漫的战争,但其经济损失和危害后果不亚于战争。

三、信息技术水平高低成为大国较量的关键因素

美国著名未来学家阿尔温·托夫勒认为:"电脑网络的建立与普及将彻底地改变人类生存及生活的模式,而控制与掌握网络的人就是人类未来命运的主宰。谁掌握了信息,控制了网络,谁就将拥有整个世界。"一个国家信息安全和信息能力的强弱,直接决定了这个国家在国际舞台上的竞争力和未来发展的潜力。在提高科技水平、大力发展信息技术的同时,发达国家无一例外地将保障信息安全和网络系统安全作为科技发展战略的一项重要内容。他们争先恐后地抢夺信息安全领域的制高点,力争在信息时代拥有绝对霸权,抢占霸主地位。

美国是世界上最大的信息资源拥有国,最先制定信息政策的国家也是美国。当前美国的信息技术及其应用水平遥遥领先,是当之无愧的信息第一大国。信息技术及其产业不仅成为美国经济发展的支柱和动力,而且也成为美国交通、能源、金融、通讯乃至国防、情报等赖以存在和发展的基础。在信息化时代,谁掌握了信息,控制了网络,谁就将拥有整个世界。美国力图获得一种比政治、军事等"硬霸权"更为有效的"信息霸权",并利用"信息霸权"不断打击竞争对手,最终达到称霸整个世界的目的。美国政府一方面竭力把握信息优势,大力发展信息相关技术,确立其在全球的信息霸主地位;另一方面它也意识到,信息优势必须建立在信息安全的基础之上,关键基础设施的安全直接影响到其经济、政治和军事安全,维护信息安全已成为美国国家安全战略的主要内容。[1]

---

[1] 张静:《国家安全中的信息安全研究》,电子科技大学硕士学位论文,2005年,第16页。

四、信息安全技术导致国际关系中跨国公司和非政府组织的力量增强

目前全球有几千个非政府组织、特殊利益集团和跨国公司，他们利用互联网和通信系统，在全球范围内扩展组织，发展势力，交换信息，协调行动。很多组织甚至在没有建立有形的正式机构的情况下，就能够借助互联网同时在多个国家进行活动。非政府组织将互联网作为其战争宣传、扩大影响力和向政府施压的重要工具，通过发表电子刊物进行意识形态渗透，突破了原有意义上的"国门"，在向国家权力发起挑战的同时，又对国际事态的发展施加影响，由此在现代国际关系领域中出现了大量"虚拟组织""网络政治""虚拟政府"等现象。

尤其当代跨国公司中的大多数既是信息技术的发明者和推动者，又是国际信息网络的使用者和操纵者。跨国公司很可能成为21世纪具有极大能量的实体，从而影响国家权力。跨国公司与非政府组织的国际政治影响力日渐上升。在许多国际组织内部的讨论与决策中非政府组织与跨国公司往往与国家政府共同具有发言权。例如，在世界贸易组织里，NGO组织与跨国公司的意见似乎已经成了惯例。因此，网络空间的出现和信息技术的应用使跨国公司和非政府组织的力量增强得空前壮大，故而在国际政治中的地位大大提升，成为国际政治舞台上不可忽视的重要影响因素。因此，原先主要由国家政府和国际组织承担的一些义务现在已经在很大程度上向NGO组织以及大型跨国企业转移。

五、信息安全技术水平高低关系国家主权的强弱

目前世界范围内信息资源分配不均，各个国家在对网络信息的支配能力问题上存在很大差距。互联网中的信息权被少数发达国家所控制，这些国家能够随心所欲地控制信息内容，左右国际舆论，从而对其他国家施加

政治、文化等影响。信息弱国的信息不安全更加便于信息强国的信息入侵和控制，导致本国信息能力的再度削弱和信息强国信息能力的再度增强，从而加剧了国际信息安全领域的两极分化现象。

在经济方面，信息技术高度发达的国家利用对信息资源及其相关产业的垄断地位，对信息技术领域发展相对落后的国家实行信息技术控制、信息资源渗透和信息产品倾销，凭借其技术手段在国际间实行技术垄断、技术殖民和技术霸权，变金融资本输出为技术资本输出，其结果导致全球经济发展更加不平衡，发达国家与发展中国家信息经济的差距正在不断扩大。

由于美国在信息技术、网络语言和标准规范方面的优势，美国更有能力运用"软实力"，这里说的"软实力"，主要是信息技术带来的权力资源，用"软实力"来实现预定的现实政治目标。在全球信息技术产业被微软和英特尔公司组成的所谓"Wintel联盟"所把持、西方高新技术规范一统天下的背景下，信息弱势国家的传统疆界和信息安全受到与日俱增的蚕食与侵蚀已成为不争的事实。随着信息革命对世界实力结构的挑战和对全球势力均衡的影响，国际社会中"信息穷人"和"信息富人"之间的数字鸿沟在逐渐扩大，南北的不平衡将由于信息国力的介入更趋严重，由它所导致的"马太效应"，将对构筑21世纪的国际政治经济新秩序形成新的挑战。

这是一种由信息时代的变革所催生的"信息本位"，它之所以比旧的金本位更加残酷，乃是因为它具有现代信息科技的加速特征，遵循的却仍是同一种"穷者愈穷，富者愈富"的"资本的逻辑"。[1]

---

[1] 张静：《国家安全中的信息安全研究》，电子科技大学硕士学位论文，2005年，第18页。

第二节 信息安全影响国际关系案例分析

一、维基解密与国家信息安全

2011年12月5日，英国高等法院裁定，允许维基解密网站创始人朱利安·阿桑奇针对其被引渡到瑞典的判决向英国最高法院提起上诉，但该上诉是否被接受将由最高法院决定。不到两个星期之后，便有阿桑奇的支持者致信媒体称，如果反引渡上诉被英国当局驳回，阿桑奇被引渡到瑞典，他可能很快就会被引渡到美国，"阿桑奇在美国受到公平审判的机会微乎其微，许多政界名人都称阿桑奇应该被暗杀，美国副总统拜登甚至称阿桑奇为'高科技恐怖分子'。在这种敌视氛围下，阿桑奇到达美国后的人身安全非常令人担忧。"在这封公开信上签名的，包括鼎鼎有名的语言学专家和政治评论家诺姆·乔姆斯基、电影导演肯·洛奇等74人。一时间，一度沉寂的阿桑奇及其维基解密网站再次引起人们的关注和思考。[1]

众所周知，在Web2.0的时代，信息的传播速度令人咋舌，让普通百姓的求知欲得到了最大程度的满足。但互联网信息的传播能力对于政府或者国家来说却是一柄双刃剑。有论者认为，维基解密才是"阿拉伯之春"得以出现的导火索；也有论者认为，维基解密已经动摇了某些大国间稳固的联盟；还有论者认为，维基解密最终将摧毁那些脆弱的面具而直击国际关系的虚伪；更有论者认为，维基解密是Web2.0时代的杰出代表，配合Facebook等微媒的作用，缔造新的政治空间，国际政治也将拥有新的兵家必争之地，那就是互联网领域。

由维基解密网站带来的巨大冲击力正让整个中东、北非发生巨变，这一切超出了许多人的预期。随着维基解密的持续曝光，美国在整个事件中

---

[1] 黄日涵、章迪禹：《到底谁在解密，维基解密再解密》，载《世界知识》2012年第2期。

所处的位置也变得微妙，到底美国在整场事件中扮演了一个怎么样的角色？这值得我们深思，而谁又将是被曝光的下一个呢？这一切都让我们有足够的动因去走近并了解维基解密。

（一）维基解密网站性质

维基解密网站一眼看去貌不惊人，网页上都是纯文字的标示和链接，不过它给世界带来的震撼却是惊人的。成立于2006年12月的维基解密网站，实际上刚开始的定位只是一个大型文档泄露及分析网站，创始人是朱利安·阿桑奇，创办网站的最初目的是为揭露政府及企业的腐败行为。维基解密网站不公布网站的联系方式甚至连Email都没有，但维基解密网站却获得了数十个国家支持者的支持。

该网站的运营资金主要来自志愿者的捐助以及团队成员自掏腰包。据说费用每年为30万美元，其中绝大部分用于支付服务器租金和技术支持的费用。借助现在的超高人气，该网站正想方设法吸引新的捐助者以及基金会的支持。2010年7月26日，维基解密在《纽约时报》《卫报》和《镜报》配合下，在网上公开了多达9.2万份的驻阿美军秘密文件，引起全球的轩然大波。

阿桑奇表示分享材料的人基本都是匿名操作，由于网站本身具有秘密特征，因此维基解密网站很少受到来自各方的压力。这个全球性的"泄密机器"也不受传统的新闻伦理以及平衡报道原则的限制，所以才能引发如此巨大的冲击。

（二）维基解密网站运营目的

关于维基解密公开秘密文件为了谁，可以说是众说纷纭。有人说是为了获得全球的关注，进而赢得巨大的流量带来高额的经济利益；有人说揭露美国的秘密文件只是抛砖引玉，目的是为了揭露其他国家更多的秘密。

许多人却更愿意将维基解密当成是说出国王的新衣秘密的天真小孩。《纽约时报》甚至说"维基解密改变了一切"，由此我们可以看出维基解密带来的冲击。

为什么人们热衷于维基解密？主要还是来源于人性本身，因为人人都猎奇，都喜爱窥探秘密，倘若秘密里还带有 CIA、FBI、RAW 等缩写，更是令人着迷，说穿了这只是人性。人们对于真相的渴求越来越强，而所见的现实与领导人所言之间的距离却越来越远。正因为这种现实，阿桑奇的言论和他的维基解密网站似乎在向人们传递着一个信号：政府阻碍了公民的信息知情权，而维基解密就是要公开政府信息，让政府的一切决策得以公开。有人称阿桑奇为网络"罗宾汉"，因为维基解密标榜不畏强权，要揭露腐败，伸张正义，在全世界实现公平和自由，也许这正是维基解密的出发点，他们所做的一切主要是为了宣传这一团队的新闻自由理念。

但不管怎么说，维基解密的出现给全球渴求真相的人提供了一个揭开政府和企业的画皮的机会，因此才受到那么多人的热捧。

这一出出精彩"揭秘"大戏的背后，有一个不得不说的主角——美国。维基解密事件揭露了美国在阿富汗、伊拉克战场上的暴行和在外交领域的情报收集特点，也暴露了美国政府保密制度的缺失，因此也带来了美国外交上的被动局面。一开始人们开始思考，美国是不是愿意主动被解密？因为背后隐藏着不可告人的阴谋。但美国的一系列反应却让人匪夷所思。2010 年 12 月 1 日，美国亚马逊网站宣布，终止为维基解密网站提供服务器租用；随后美国域名服务商 Every DNS 取消了对维基解密的域名服务；紧接着美国 E - Bay 旗下的全球最大网上支付平台 Paypal 宣布停止维基解密的账户和服务；与此同时美国信用卡巨头 Visa 和万事达冻结了维基解密网站的账户，暂时停止和该网站所有的信用支付业务。一向高呼"自由"与"民主"的美国，针对维基解密打出的"组合拳"不禁令世界啧啧称奇。

由这一系列的动作，我们不难看出，美国貌似并不大情愿被解密，但有另一派的观点认为，美国这么做只是障眼法而已，转移人们的注意力，目的是为抛出对象国的猛料做伏笔，但目前为止，并没有迹象证实这一猜测。

对于维基解密几年来解密的信息，许多评论家认为其中不少内容根本算不得秘密。这其中的许多内容，美国完全可以自己向世界公开，但美国并没有这么做，这也许是美国政府碍于国内利益集团的政治压力，而变得畏首畏尾，一个号称自由、民主的国家在让民众知道更多真相上也有很多顾虑。最终只能"被"揭秘，这样一来，反而引发了美国外交上的被动，导致美国政府对维基解密亮剑。

维基解密揭露的美国的秘密，目前来说，对美国并没有什么好处，至少造成了国家形象的损失，但目前也没有产生太强的负面效果。因此维基解密的出现对于美国来说，暂时看不出太大的利弊得失。维基解密虽然对美国没能伤筋动骨，但由它而引起的中东、北非局势动荡，却是步步惊心，出人意料。

（三）维基解密与西亚、北非形势

由于维基解密的存在，就如《新政治家》所言"长期被怀疑的事情，如今得以证实"。西亚、北非局势的动荡，正是因为人们长期怀疑的政府贪腐通过维基解密得到了证实，因此引发了该地区的多米诺骨牌效应。起因正是由于维基解密网站曝光了美国外交官有关突尼斯政府腐败的电文，引发了示威民众通过社交网站 Facebook 发布信息，相互串联，最终导致中东地区接连几个国家发生大规模群众抗议游行，导致一些国家政局动荡，政府更迭，这里的剧变震动了整个世界，甚至被称之为"维基革命"。

动荡起源于一向被认为平稳和相对繁荣的突尼斯。在连续 20 多天突尼斯民众声势浩大的抗议浪潮中，执政了 23 年的本·阿里总统结束了对突尼斯的统治，于 2011 年 1 月 15 日凌晨宣布解散政府后仓皇出逃，流亡沙特。突尼斯风暴的外溢效应迅速扩散，民众抗议浪潮在多个阿拉伯国家涌动。随后，数十万埃及青年民众走上首都开罗以及亚历山大、苏伊士等城市的街头举行抗议游行，要求总统穆巴拉克下台。穆巴拉克在民众抗议浪潮压力下宣布解散政府，在执政 30 年来首次任命一名副总统，并发表声明称到今年 9 月任期届满后不再谋求连任。然而抗议的浪潮却一浪高过一浪，并向更多的城市蔓延。2 月 11 日，执政长达 30 年，曾经叱咤风云的穆巴拉克宣布辞去总统职务。在短短 18 天的埃及民众反政府抗议声中，穆巴拉克黯然走下政治舞台，使得这个有着8000万人口的阿拉伯世界第一大国出现了历史性转折。

与此同时，新一轮的抗议热潮在利比亚、阿尔及利亚、也门、巴林、约旦等国蔓延开来。利比亚当局以维护国家统一、反对外部干涉为旗帜，动用武力镇压，最终引发了利比亚危机。2011年2月16日利比亚发生革命，反对派在班加西建立政权和武装，并占领了多个城镇。之后，利比亚政府军收复多个城镇，并包围反政府大本营班加西。2月26日，联合国安理会决定对利比亚实行武器禁运、冻结卡扎菲海外资产。3月17日，联合国安理会通过决议，决定在利比亚设立禁飞区。3月19日，法国战机飞入利比亚领空，西方十余国家展开对利比亚代号为"奥德赛黎明"的军事行动。3~6月，政府军与反对派的拉锯战进入胶着状态。7月，反对派向首都发动新攻势；8月25日，反对派政府正式开始在首都的黎波里执政。10月20日，"利比亚全国过渡委员会"称已占领苏尔特，随后宣布已抓获卡扎菲，并有"过渡委"官员证实卡扎菲已被击毙。中东地区有关国家针对当前的局势，纷纷采取措施，加大改革力度，害怕维基解密给国家带来冲击，积极行动努力解决民众的不满。

（四）维基解密网站发展分析

解密仍在继续，并且从政府向华尔街的大公司、银行甚至外太空延伸。谁，将会成为名单上的下一个？这或许是许多人们关心的问题。阿桑奇和他的维基解密网站却必须面对这样一个现实，那就是如果维基解密网站相信通过虚拟空间来影响现实的权力，那么同时也就意味着维基解密网站承担着一种责任。在维基解密网站解密的同时，人们也在关心维基解密揭发的这些秘密是否都是真实的，如果夹杂着一些虚假的信息，那带来的负面影响将是巨大的，如此，这个互联网的"罗宾汉"就有了他的责任。

至于如何使这种无政府主义的互联网英雄们承担责任，目前似乎还没人能说清。但如果阿桑奇和他的维基解密网站想要通过信息的透明和公开来"获得一个更加公正的社会"，那么唯一的方法只能是去推动所有政府、国际组织和其他机构都努力缩小言行之间的差距。

人们热衷于等待维基解密揭发一些猛料，但也有一部分人开始反思猜测维基解密背后是否还有秘密？人们不禁疑问，动辄几十万份秘密文件是否真的仅靠志愿者就能拿到。如果情况并非如此，那么这些秘密的来源究竟还有哪些渠道？维持这些渠道运作的一切资源又来自哪里？提供这些信息的机构或者个人又想通过这些信息获得哪些目的？这些追问的答案，暂时还没有人能给出解答，因此维基解密更像是一个谜，让人猜不透。

谁将会是名单上的下一个？是国家、国际组织，还是个人，都是个未知数。于是人们在感受维基解密挑战权威带来的震撼之后，也开始为信息安全感到担忧。随着互联网的高速发展，从个人隐私到国家安全，泄密已经无处不在。

由此可见，Web2.0 时代对于整个世界的意义将是历史性的。或许正如一些专家所言，随着维基解密的发展，个人的行为能力被极大程度地提高了，某些名人在 Facebook、Twitter 上的一句话就会产生巨大的社会反响，同时国家也会受到社会媒体越来越大的影响，再者，社会媒体的发展也拓展了外交的内涵，原本作为神圣的国家行为的外交现在也被大大简化，民间外交变得更加频繁，思想、观念的渗透也更加便利。简言之，以维基解密为代表的网络信息革命有可能改变国际关系现状。

二、Google 事件与网络外交

互联网逐步融入普通大众的生活是网络时代全面到来的标志。随着网络的广泛应用以及网民数量的急剧增加，互联网已成为人们日常沟通交流的重要媒介。在现代社会的生活中，人们已经与互联网形成了某种依赖关系。正是基于这种依赖关系，使得我们根本无法想象在没有网络的日子如何正常生活。而在日常生活中经常使用到的一些网站或者网络即时通讯方式都深深嵌入了我们的生活，成为生活中不可或缺的一部分，比如即时通讯（IM）领域的QQ、MSN；社会网络服务（SNS）领域的Facebook、开心网；搜索引擎领域的Google、百度。本文中我们着重研究的是搜索领域的巨头Google事件。2010年1月由Google公司声明退出中国引发的这场风波，成为了中美关系角力的一个重头戏，而正是由于这次事件，引发了人们对网络外交的更深层次的思考。我们通过了解Google事件本身来分析网络时代给外交带来的新的机遇和挑战。[1]

（一）Google事件背后的博弈

2010年1月12日上午，Google公司高级副总裁大卫·多姆德（David Drummond）在Google官方博客上发表文章《对华新战略》（Anewapproach to China），谈及Google目前对于中国运营的看法及考虑。文中表示不愿意继续对Google中国的搜索结果进行审查，这可能将不得不关闭google.cn站点和在中国的办公室。该事件引起了广泛的关注，各界人士纷纷表示了看法。[2] 事件初期中国政府没有对此作出回应。美国政府倒是迅速表态，国务卿希拉里称"美国正等待中国政府说明这一引发严重关切与质疑的事件"。随后，美国各大媒体开始大规模炒作Google退出中国事件，并将问题集中在中国黑客入侵Google公司服务器上，攻势凶猛，给中美两国关系造成了一定的影响。

Google事件发生后中国互联网业界纷纷对Google退出中国表示担心，因为Google一旦撤离中国，将会造成百度的一家独大，不利于市场竞争。外交部发言人则表示，中国是依国际通行做法而做的。实际上Google公司自"出嫁到"中国以来，就水土不服。根本原因是Google公司的美式商业文化与中国的国情相冲突。中国为维护自身国家利益和政治安全稳定的需要，对Google采取一些必要的监管办法，致使Google满腹怨气。从这次情况看来，Google一方面通过退出这种方式向中国方面抗议，一方面向美国方面和世界舆论撒娇。

[1] 黄日涵：《Google事件与网络外交刍议》，载《国际关系学院学报》2010年第6期。
[2] 《传Google欲撤离中国市场并关闭网站》，《IT时代周刊》（http://www.ittime.com.cn/topnews/topnews_content.asp?aid=6749）。

Google 公司的这种做法不可谓不高明，其目的就是利用美国官方和民意的力量向中国施压，挑战中国的网络审查政策，将事态扩大化。一件商业事件就这样变成了政治事件。Google 退出中国的这起事件，是一种商业与政治的双重博弈，Google 将商业事件政治化的图谋昭然若揭，而在西方媒体和舆论的打压下，中国的国际形象受到了一定程度的损伤。对 Google 公司来说这场危机炒作得越轰动，给公司带来的利益就越大。如果美国方面的施压成功了，Google 公司可以顶着自由、民主的大帽子来作它的搜索引擎，并且不受中国官方监管，这样的话，信息无论是色情的、反动的，都是未经过滤的，这样不但可以吸引人气，也能创造更大的市场空间，通过走擦边球路线提高它在中国内地的市场份额。退一步说就算没有成功，通过这次不花钱的危机公关，也让 Google 公司在中国大陆火了一把，让更多的中国民众认识了 Google，客观上对于其提高知名度有很大的帮助，因此不管中美双方政府如何交锋，Google 在这场事件中都不是输家。但是面对中国这样一个蓬勃发展的市场，Google 公司是很难完全退出的，这也正是 Google 公司仅仅退到香港的原因。

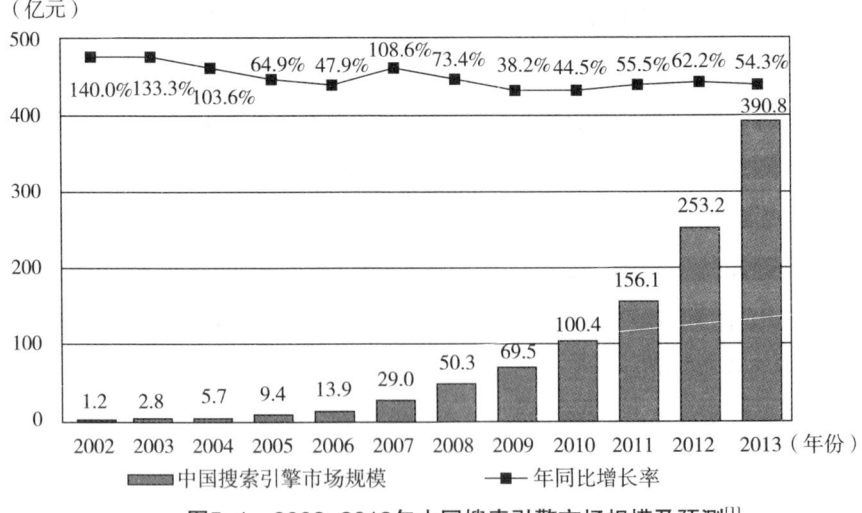

图5-1　2002~2013年中国搜索引擎市场规模及预测[1]

---

[1] iResearch艾瑞咨询：《2008~2009年中国搜索引擎行业发展报告》统计报告。

中国权威市场调研公司艾瑞咨询通过上述数据分析认为2010年中国经济形势逐渐回暖，长尾广告主营销需求随之回归，加之经济危机时期大品牌广告主对搜索引擎营销认可而产生的惯性投放，将正面影响中国搜索引擎市场的增长；同时考虑到，运营商推广系统切换会伴生行业短期调整，艾瑞预计2010年中国搜索引擎市场规模将呈现45%左右的增幅。[1]而在2009年中国搜索引擎市场双寡头特征加剧，领先的搜索引擎运营商百度和Google中国继续扩大其市场占有率：两家份额之和超过96.3%，基本垄断中国搜索引擎市场。其中百度占据了63.1%的市场营收份额，继续保持领先地位。而Google中国市场份额大幅增长至33.2%，相比2008年上升5.9个百分点。

因此笔者认为不管Google公司的姿态多么高，美国方面的压力再大，Google公司也只是撒撒娇，并不会真正和中国"离婚"，原因是Google无法抵挡中国市场的巨额利润诱惑，而中国需要Google维持中国进步开放的形象以及担当中西沟通的桥梁。在这场商业和政治的双重博弈过程中，对中美关系而言双方都在追求双赢，谁都不希望造成双输的结局，寻找台阶下正是Google给自己最好的退路。

至于Google公司提出的所谓黑客攻击问题以及监管问题，这是许多国家都存在的问题。在Google公司发布退出中国消息的同一天，2010年1月12日上午7时开始，中国国内最大搜索引擎百度遭到黑客攻击，长时间无法正常访问。这次攻击百度的黑客疑似来自境外，利用了DNS记录篡改的方式。这是自百度建立以来，所遭遇的持续时间最长、影响最严重的黑客攻击，网民访问百度时，会被定向到一个位于荷兰的IP地址，百度旗下所有子域名均无法正常访问。[2]由此可见Google公司提出的所谓因被黑客攻击问题退出中国的借口只是个噱头而已。而对于网络监管这个

---

[1]《2009年中国搜索引擎年度数据发布》，(http://news.iresearch.cn/Zt/107468.shtml)。
[2]《百度被黑事件》，(http://baike.baidu.com/view/3161809.htm)。

事情，不仅在中国，在世界上的其他国家包括美国网络也都是有监管的，绝对的自由是不存在的。因为任何国家都不可能公然允许颠覆政府的言论在网上畅通无阻。否则，在信息不受过滤的情况下，境外不法分子可以轻松通过互联网来实现他们的反动目的。

如果放任互联网无规则自由发展，不过滤信息的话，很多不健康的信息将可能影响下一代的健康成长。过度泛滥的色情信息将对青少年的健康成长产生极为不利的影响。作为一个国家，考虑到国家安全和社会稳定，一定会控制这些可能影响到国家稳定和青少年健康的信息，这种做法是国际通行惯例。

从政治博弈的角度看，美国在面对新的崛起者中国时总是显得特别小心谨慎，国际金融危机爆发后，中国成为了世界的焦点，中国的经济增长成为了全球经济的发动机，美国已经感受到深深的压力，迫于国内外的各种形势，美国国内的利益集团并不希望中国政府迅速崛起，尤其是一个和他们存在意识形态差别的国家。

因此这场危机的爆发，是中美两国博弈的一个新的特征，但从两国的国家利益角度而言，危机的加重对双方都没有好处，在国际金融危机的阴霾还没有散去的时候，需要中美两个大国齐心协力共渡难关，而不是互相拆台，这对于中美关系的长远发展不利。这次由于Google公司退出引起的中美外交角力，间接引发了学术界对网络外交的思考，接下来我们就来具体地分析一下。

（二）Google事件引发的网络外交思考

Google事件发生之后，学术界对互联网企业所引起的这次外交事件给予了高度的关注，网络外交的研究也开始受到重视。美国政府运用网络公司从事公众外交活动已经不是第一次，Twitter插手伊朗大选、微软旗下的MSN退出古巴这一系列的手段其实都是美国政府网络外交的一部分。这次的Google事件也成为更具威力的政治武器。可以毫不夸张地说Google、Twitter、Facebook、MSN这些世界顶尖的互联网企业已经成为美国"软实力"

的重要组成部分,是奥巴马政府提出的"巧实力"外交中的关键一环,这些有着世界影响力的互联网企业已经成为美国网络外交的主要工具。因此,把 Google 事件与网络外交综合考虑是有其必然性的。

在这场 Google 事件中,中美关系遇到了一些困难。由于中美两国在许多问题的看法上存在差异,美国人对和他们价值观不一致的观点,都坚持一个顽固的道德判断,那就是美国代表正确的方向。中国只有接受美国的导向才是正确的,否则就是错误的。美国的信念符合文化价值和国家利益,在这个信念主导下,美国很难意识到有需要向中国调整政策。在很长的时间里,中国人本身也对自己国家的变化充满信心。很多人也相信,随着改革开放和与世界接轨,中国本身也会成为类似于西方的国家。(需要指出的是,中国本身的这种看法更强化了美国和西方的信念。)[1] 因此,在这次 Google 事件中,美国更加以西方的道德标准来要求中国,于是这场网络场上的外交角力变得更加吸引世界的目光。

但由于整个事件中各方的焦点都聚集在中美两国的政治较量上,反而就 Google 事件对中国本身互联网产业发展的意义缺少深刻的反思。因为互联网产业的发展将对未来中国对外输出"软实力"以及进行网络外交产生重大的影响。目前中国互联网使用者居世界第一位,已经成为一个互联网大国,但中国绝不是互联网强国。中国的互联网技术在这几年取得了巨大的进步,也产生了类似腾讯这样的世界第三大互联网企业,但这些企业技术创新依然很少,远远落后于美国。目前国内的很多技术都是从西方学来的,学习是个永无止境的过程。如果这时选择去对抗,牺牲的只是自己的利益,而非西方的利益。

对于 Google 公司的退出许多人幸灾乐祸,认为这样更好。但他们忽视了一个根本的问题,那就是有竞争才能有进步。Google 走了,也许会有其他的搜索引擎公司挤入市场,但在相当长的时间内,百度不会有挑战者,

---

[1] 郑永年:《中美两国的相互"误解"》,(http://www.zaobao.com/special/forum/pages8/forum_zp100223a.shtml)。

中国互联网的质量很难提高。从互联网的发展来看,政府应当大力鼓励竞争。一个企业真正的成长动力来自竞争。企业在初期可以在政府保护下生存发展,但是,未来的发展必须受制于市场的压力。[1] 如果要在未来网络外交竞争中发挥竞争优势,中国本土的互联网企业必须得崛起,这样才能有效地支撑网络外交的发展。新时期,网络外交形式的出现,改变了传统的外交决策和运转模式,对国家外交的信息收集分析能力、危机决策能力以及日常外交管理机制提出了更严格的要求。互联网技术的广泛应用,一方面保证了信息能够在全球范围内大量高速地流动与扩散,实现了信息资源的成倍增长;另一方面,简化了外交层级机制信息获取,推动了外交议题的深入拓展。同时,网络外交也进一步拓展了外交运转的轨道,推动着外交民主化趋势的进一步发展。我们也需要认识到,互联网自身具有开放性、交互性的特点,网络中大量的极端言论和有害信息也对外交运转提出了挑战,如何应对这些挑战也成为一项重要课题。

三、网络外交的内涵及特征

关于网络外交的定义目前国内学术界并没有一个严格的界定。笔者比较认同这个定义,网络外交是指在信息时代,国际行为体为了维护和发展自己的利益,利用互联网技术和网络平台而开展的对外交往、对外宣传和外交参与等活动。网络外交的主体与客体既可以是国家,也可以是国际组织、跨国公司或个人;网络外交的目的是为了维持和发展国际行为体自身的政治、经济、军事和文化等诸方面利益;网络外交的方式包括国际行为体之间通过网络而开展的外事交往活动、对外传播,以及为对彼此的外交行为施加影响而进行的政治参与等三个方面,既可以是公开的也可以是隐秘的行动,既可以是正面的公关也可以是负面的攻击,既可以是个人行为

---

[1] 郑永年:《Google事件值得中国思考》,(http://www.chinareviewnews.com/crn-webapp/mag/docDetail.jsp?coluid=0&docid=101233151)。

也可以是群体行为。[1]

随着网络科技的发展，以及全球互联网的普及，网络外交出现了许多新的特点，在新时期下的网络外交也有了更广泛的含义。一般而言，网络外交具有如下四个特征：

第一，广泛性与双重性。由于互联网的普及，使得更多的普通百姓能有机会通过网络参与到原本只属于精英阶层的外交讨论中来，正是由于网络的这种突出特点，使得网络外交具有广泛性的特点。这次Google事件发生以后众多的中国网民通过互联网参与到讨论中来，他们的言论或多或少对中国的外交决策产生了间接的影响。此外网络外交的参与人和受众具有身份的双重性，他们既可以是传播者也可以是受众，传播双方易位频繁，呈现全方位易位趋势。因此网络外交的模式使得外交过程中的接受方能对信息迅速作出反馈，并发表意见，而这种反馈或者意见，又能很快作为新的网络外交内容传播给广大公众。如下图所示：

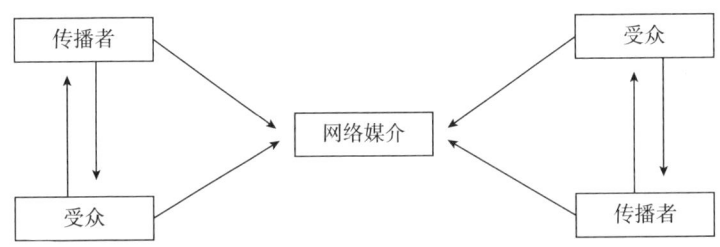

图5-2　基于网络的外交传播模式

第二，便捷性与多样性。国际行为体能够有效参与外交活动的前提条件之一就是能够及时有效地掌握、传递和交流相关信息。在传统的媒体条件下，让所有的国际行为体都能达到这一要求是不可能的，信息只可能属于精英阶层。但是，网络外交打破了这一局面。一方面，在信息的掌握上，

---

[1] Joseph S. Nye. The Information Revolution and American Soft Power[J]. Asia-Pacific Review, Vol.9, No.1, 2002, p60-76.

网络传播具有成本低、时效快、传播迅速的特点,因此任何行为体都很容易打破信息传播的时空障碍,在第一时间发布和接收相关重要信息,从而为其开展网络外交提供基本条件;另一方面,互联网综合了传统媒体的优势,通过IM工具(如QQ)、SNS(如Facebook、开心网)以及搜索引擎(如Google)等传播手段进行传播,从而使得人们对信息的选择更多样,方便了参与外交的国际行为体及时沟通和交流信息,作出外交决策并付诸实践。

第三,自主性与依附性。网络外交相对传统意义的外交而言,具有更高的自主性,因为网络的结构本身就是没有中心和界限的,无法实现严格意义上的中央管理控制,网络空间的自由度也比现实空间大得多,这就决定了任何网络外交主体只要拥有电脑和上网设备,就可以很容易突破某一行政机关强制权力的限制,并就所关心的国际事务自由地交流意见。因此网络外交具有自主性的特点,个人在虚拟空间可以隐瞒其真实身份,抛弃现实中的各种顾虑而更广泛地就外交问题自主地发表观点,从而参与外交活动,影响外交决策。但是,网络外交也无法完全独立于国家和国际组织等团体之外,因为网络外交主体不是生活在真空中,必然依附于某种特定环境。网络外交主体在网络空间发表的各种关于国际事务和国家外交的观点以及其他各种行为,无法完全脱离现实世界,是对现实世界的一种反应。从这一角度而言,网络外交又是现实整体国际政治的组成部分。因此,网络外交既具有自主性特点,也具有高度依附性,是对传统外交的重要补充。

第四,发散性与不稳定性。网络外交的发散性特点很强,在国际社会中发生的任何大事都有可能通过互联网体现出来,并迅速传播到世界的每个角落,从而对现实的外交活动产生巨大的刺激作用,产生立竿见影的效果。但是,作为一个崭新的外交平台,目前网络外交有另外一个重要特点,就是不稳定性,这个特点也很明显。由于网络具有快速传播信息的特点,网络外交的主客体都会利用网络来发布和接收信息,因此无法排除在接收到真实信息的同时也会接收到别有用心者传播的假信息,这无疑会影响网络外交的可信度。

另外，网络的特殊技术结构决定了它很容易会受到黑客和网络病毒的入侵，从而导致其作用的发挥受到限制。[1] 这次 Google 公司遭受黑客攻击并因此引发的事件就是一个很好的佐证，作为世界互联网技术的领导者，Google 公司也遭到黑客攻击，并付出了巨大的代价。Google 公司更是以此为借口对中国政府发难，引发了一场中美关系的摩擦。因此我们可以看出，网络外交的典型特征也决定了它所关注的问题多是当前国际社会所发生的热点问题，但由于国际问题热点多、变化快，因此网络外交的跟风意识也很强，很难就如何解决一个具体问题而长期、深入地下工夫，这也是网络外交目前存在的一个瓶颈。

四、网络外交崛起与中国的思考

作为一种新兴的外交手段，网络外交对国际关系产生了深远影响。Google 事件的出现更是催化了学界对网络外交的认识。随着网络外交的崛起，我们更应该认真地反思一下中国到底需要做什么。

网络外交以其便捷、自主、发散和低成本的特征而成为获得"软实力"的重要手段。这一外交形式的出现，改变了传统的外交决策模式。网络常被有关国际行为体用来发布大量虚假信息以混淆视听，危害一国内部稳定与对外形象，并影响其外交决策。网络的扩张效应和放大效应，还能引起一国网络舆论和民众情绪的高涨，使得政府面临决策压力。因此如何将网络外交纳入政府管理范围，及时有效地收集和分析网络外交信息，充分利用网络舆论进行科学合理的外交决策，是对各国外交决策智慧的重要考验。

尽管网络外交还存在一些缺陷，但它正在以独特的方式引发全球外交革命，这种革命的步伐会随着科学技术的发展而变得更加迅速、更加猛烈。我们必须学会适应时代的变化，努力发展具有中国特色的网络外交，唯有

---

[1] 唐小松、黄忠:《论信息时代的网络外交》，载《现代国际关系》2008年第6期，第5页。

如此，才能够在未来的外交活动中掌握主动权，进而最大限度地维护和促进国家利益。

既然网络外交已经到来，并且愈来愈显现出其便利与威力，我们就要积极地去走近它，了解它，面对它，并尽可能地把其负面效应降到最低。要进一步提升中国网络外交，需要理论研究和实践操作两方面的融合与互相促进。首先在网络外交的理论研究方面要与时俱进，用理论的大胆探索来引领实践创新。网络外交这一新兴研究领域，值得学者们倾注更多的心血，进一步研究和挖掘其规律和内涵，在国际网络外交领域表达出具有自己特色的声音。就具体操作层面而言，我们应当重点做好以下几方面的工作：

第一，创新中国网络技术，做大做强信息资源发布平台。力争在影响到未来网络发展走向的网络技术上取得一些关键点的突破，以便在未来新的全球网络规则中取得一定的发言权，避免完全被动的局面，因此更应该借助这次 Google 事件引发的反思大力地提高国内互联网企业的竞争力，创新中国的网络技术。在信息资源方面，首先必须做大做强一批有国际影响力的国内政治学术研究网站，目前仅有国际关系论坛、中国国关在线等几个发展中的学术网站，很难在国内外形成较大影响力。只有通过更大范围的网络传播，及时地收集和整理相关信息，才能更好地为将来的外交决策提供参考，使国内外民众能够在第一时间听到中国自己的经过深入思考的声音，并且要努力围绕国内外的重大事件深入分析，抽丝剥茧，形成自己的声音。

第二，积极加快民族先进文化网络化、产业化、世界化的进程，强化国家核心价值体系和主流意识形态的主导地位。面对西方文化的严峻挑战，中国不能闭门造车，将民族文化狭隘化、保守化，使其失去活力，而应根据时代发展要求，对其进行再加工、整理和创新，并尽可能使之与西方优秀文化相融合，与现代文明发展的实际相结合，与当前外交理论和实践的需要相配合，实现民族性、时代性和世界性的统一。[1] 中华民族文化源远

---

[1] 唐小松、黄忠：《中国网络外交的现状与对策研究》，载《国际问题研究》2009年第4期，第10—11页。

流长，国家的主流价值体系和意识形态也在多年的实践中深入人心，与网络的结合必将使其焕发新的强大生命力，中国网络外交才能因此获得坚实基础。[1]

第三，在网络外交的主体方面，要加强引导，努力发展网络外交群体，尽可能地加快建设属于自己的民间网络外交力量。通过切实有效的方式，正确地引导网络舆论，努力地消除网络舆论中排精英化、反权威的思想，让这个"众生喧哗"的时代变得更加理性。在拓展网络外交主体方面，做到积极有效，通过营造良好的理性的网络舆论氛围来达到更好的网络外交效果。

第四，从网络外交的对外交流角度看，我们应该树立交往意识，淡化宣传色彩。想问题、办事情从对方的文化背景和政治接受的实际角度出发，进行换位思考，按照求同存异的原则，努力寻找双方的共同点。要想在网络领域中赢得外交声誉，我们应该根据网络外交本身特点，量身打造符合其发展规律和中国实际的管理模式，既保证其导向正确，又促使其充满活力。

就整体而言，中国的网络外交从实践到理论研究还处于起步阶段，还有巨大的提升空间。随着 Google 事件的结束，国内对于网络外交的思考将有一个理性的上升，我们需要更多理性的反思，而不是教条式的呐喊。我们需要更多有效的发展方式，而不是粗糙的管制。网络外交要走的路还很长，这需要许多年的努力。在一个全新的网络时代，中国应该利用自身的优势，积极发挥交往主体的能动性，合理有效地加以引导，并最终形成合力，在全球网络外交战略中取得优势。

五、网络传播与国家对外形象的构建

国家对外形象（国际形象）是指其他国家和地区的民众对一国政治、

---

[1] 王慈：《和谐网络文化的建构路径》，载《网络传播》2008年第1期，第44—45页。

经济、文化、社会等在国际社会中的认知与评价。良好的国家形象可以为一国发展创造有利的环境，带来巨大的利益；负面的国家形象则有可能使国家面临重重阻力，最终陷入孤立无援的境地。正因为如此，世界各国，特别是一些发达国家在国家形象的构建与修复方面不惜巨资，不遗余力，并将它作为政府公共关系的一项重要内容。美国从联邦、州到各级政府都设有专门从事形象管理的公共关系部门，单是联邦政府就雇用上万人处理公共关系事务，每年的经费支出高达几十亿美元。英国、法国、德国、澳大利亚等国也在不断加大政府公关的力度。[1]

（一）当前我国对外形象建设面临的问题

传统上，我国的国家形象战略是中国政府主导、由政府涉外部门具体实施，主要方式是利用电视、广播等传统媒体向世界各国政府和民众传达信息，设立传授中文的"孔子学院"介绍和推广我国文化。此外，我国还试图借助中国快速发展的机会，利用举办奥运会、世博会等重大国际活动展示并重塑我国的国际形象。2012年通过的国家预算案中，用于提升我国媒体海外影响力的费用比2011年增长了37.5%，达到27.5亿元人民币。[2]具体手段包括扩充电台和电视台的外籍背景工作人员，强化媒体的本土化趋势，并通过在海外免费赠送英文报纸等方式加强信息传播能力；实施的重点地区包括对我国的经济社会发展有重要影响力的美洲和非洲等地区，进一步改善我国在这些地区的形象。

在中央政府的大力推动下，我国对外宣传的机器已经转动起来。在电视制作方面，2012年1月，中央电视台在非洲肯尼亚内罗毕建立了非洲分台，2月在华盛顿建立了北美分台，开始在当地制作节目，强化吸收所在地区的"地气"。为了顺利完成首次在海外制作节目的任务，央视主打吸收当地人才计划。央视过去半年在美国雇用了约70人，甚至用加薪20%的方式从英国广播公司（BBC）和半岛电视台"挖走"了记者、编辑

---

[1] 张华、黄日涵：《网络传播与国家对外形象的构建》，载《广东外语外贸大学学报》2012年第4期。
[2] 森安健：《中国媒体加强对外宣传》，载《日本经济新闻》2012年3月20日。

和制片人。在报纸发行方面,《中国日报》主打免费发放的策略,以提高知名度和扩大影响力。2011年起,《中国日报》已在美国9个城市免费派发,华盛顿、纽约和西雅图三地为每天发行,洛杉矶、旧金山、芝加哥、波士顿、休斯敦和亚特兰大等地则在每周五发行周报,峰值发行量达到17万份。此外,《中国日报》还发往联合国总部、各国大使馆,并在地铁站大量派发。

近年来,我国政府对外国家形象建设的自主意识和自觉意识正在逐步增强,但由于政治制度、社会发展方式等方面的不同,西方国家长期以来对我国采取敌视的态度,加之我国的一些对外宣传策略也存在着问题,因此我国的对外形象建设仍然存在诸多问题,具体表现在:

第一,西方媒体对我国的负面报道和错误解读。由于我国的传统文化、政治制度、社会发展和思想建设等方面与西方存在着重大差别,这本身就为西方分析解读我国发生的事件增加了难度。更重要的是,自认为"无冕之王"的西方媒体呈现整体"向右走"的趋势。[1] 对中国的政治制度存在高度的不认同倾向,即使是主张客观公正的媒体记者,也容易受到自身情感因素的制约,更喜欢用挑剔的角度报道中国,对抗式地解读分析中国。如2008年中国举办的奥运会,中国政府和人们倾全国之力,向世界奉献了一场宏大壮观、气势磅礴的盛会,向世界各国的官员、运动员和游客提供了优质高效的服务,这本是值得世界各国媒体称赞的,然而,西方媒体却充斥着对北京奥运会的负面报道,从"中国政治制度的弊端"到"中国威胁论"不一而足。

第二,政府公开主导易引发民众对其可信度的质疑。西方民众对官方主导的宣传持不信任的态度,并非是针对我国的对外宣传,而是由西方的政治制度和文化传统决定的。他们对官方指导下的任何事情都存在天生的"逆反"心理,认为那是政府为了掩盖一些事实而进行的宣传,是为了欺骗普通大众而服务于特定的集团和个人。因此,完全是由政府,甚至是中

---

[1] Lee Edwards.The Origins of the Modern American Conservative Movement [EB/OL].http://www.heritage.org/research/lecture/the-origins-of-the-modern-american-conservative-movement

央政府主导的对外宣传,如中国国际广播电台、中央电视台海外频道和《中国日报》等,也很难赢得西方民众的信任和好感。2001年,一份对上海地区外国受众接触我国对外英语传播媒体进行的实地调查显示,24.2%的外国受众相信我国英语媒体,15.1%不相信,45.4%模棱两可,18.2%不想发表意见。[1] 通过这份民调可以明显地看出,我国的对外传播在西方受众中的可信度和认同度较低,没有达到预期的效果。

第三,对外传播难以与目标受众有效连接。虽然目前我国已发展出"三位一体"的对外宣传体系,海外受众可以通过电视、广播、报纸等方式获取中国传达的信息,但实际情况可能有所不同。除了中国国际广播电台在全球拥有一定数量的海外受众外,央视、《中国日报》等媒体的影响力依然有限。而且,很多海外的受众都是华侨华人,并非真正意义上的外国人。即使是外国人,也多是与我国关系良好国家的民众,其本身对华形象的反应就较为正面。如何解决中国涉外媒体在海外的关注度和影响力是一个急需解决的问题,尤其是对华形象反应不是很正面的国家。只有接触了解才能改变中国在他们心目中的形象,如果中国的对外宣传根本无法与目标受众实现有效接触,何谈中国对外形象建设?

第四,对外传播策略和方式需进一步本土化。对外传播的目标受众在海外,目的是向他们传达有关中国的准确的声音,使其了解一个真实的中国,进而使其建立起对中国一定的正面印象。毫无疑问,他们所熟悉、易接受的传播最容易达到这一目的。但是目前我国的对外宣传在报道的内容方面突出了"以我为主"的理念,淡化了普世所关注的重大和突发事件;在报道手法方面突出了中式思维的运用,忽视了目标国受众的思维方式和接受习惯。例如新闻中充斥着各种我国所独有的政治术语,而不考虑海外受众对其涵义的把握;在制作团队中,基本都是清一色的中国人,甚至很多从未走出国门,难以想象他们制作的节目能够符合海外受众的思维方式。

---

[1] 郭可:《当代对外传播》,复旦大学出版社,2003年版。

（二）网络外交在国家形象建设中的独特作用

科学技术是第一生产力，是推动社会发展进步的第一推动力，也是实现外交手段多样化和更加有效的重要推手。网络外交一般意义上来说主要是指国际关系行为体为了塑造良好的对外形象，利用借助互联网收集和传递相关信息，在虚拟空间中与受众实现双向互动，积极开展的对外交往、对外传播和外交参与等活动，以实现特定外交目标的一种方式。

在进入21世纪以来，随着互联网的快速成长，网络传播方式已经成为规模最大、覆盖面最广、资源最丰富、使用最便捷的一种新型大众传播媒介。网络传播方式的实时、双向的互动功能更是被视为其独特优势，成为影响经济发展、社会进步和政治变革的重要推动力量，在人类生产、生活中扮演着越来越重要的角色。与此同时，网络作为对外交往方式的独特优势被发掘并日益受到重视，网络外交成为国家塑造对外形象的重要渠道和手段。具体而言，网络外交的比较优势表现在：

第一，传播面广，不受时空限制。网络媒体区别于传统媒体的重大优势在于其传播范围不受发行地或者其他因素的限制，凡是能够介入互联网的国家和地区的组织和个人，任何时间都可以无限制地接收信息。如果政府需要向公众传达新信息，可随时向各国、各种族、各年龄层次的公众开放相关网站，不分日夜地提供他们所需要的信息，不用在信息传递上花费时间成本。伴随着互联网的发展，整个世界在信息传播方面已经成为"地球村"，打破了传统上信息因地理位置、经济发展水平和文化差异等形成的界限，形成了以信息为中心的跨国界、跨文化、跨语言的全新虚拟空间。传统上，我国的对外传播往往受到西方国家的限制，西方民众仅仅从少数几个西方媒体中获知有关中国的信息，而这些信息往往是负面的，而且是经过刻意歪曲的，难以接收到有关我国的全面客观的信息。在网络传播环境中，西方民众可以自由地登录中国的互联网站，接收第一手有关中国的资讯，而不需要经过西方特定媒体的"加工"，这为中国对外形象构建提供了重要机遇。

第二，成本较低，针对性强。不同于传统媒介的传播方式，网络传播无须在篇幅与印刷、传递成本上斤斤计较，因为在互联网传播的成本极低。网络传播完全可以不考虑篇幅的限制，可以采用文字、声音、图像等形式，或者实现三种方式的完美结合，实现国家形象传播效果的最大化。更重要的是，网络传播不仅为信息全球化提供了一条全新的渠道，同时也为信息本土化传播提供了可能。毫无疑问，任何事物只有实现本土化才有可能受到本地区民众的欢迎和接受，商品需要如此，信息传播也是如此。如果所有的信息都是基于本民族和本国的喜好来编辑和传播，容易受到异地民众的抵制，其传播效果将大打折扣。网络媒体利用技术手段和方式，可以轻松获知世界民众对各种信息的倾向性、对发生的事件的观点态度等，从而为编辑传播有关信息提供重要的参考，提高对外传播的效率。

第三，互动性强，效率更高。网络媒体是一个综合的传播平台，传播者不仅可以是有组织的政府和媒体，也可以是一般的目标受众，有时候普通受众群体发布信息的影响力甚至远远超过政府。网络传播的最大特点就是克服了传统媒体单向传播的弱点，可以实现实时的双向互动。无论是发布新闻消息，还是专题性互动，信息传播都可以实现传播者和受众群体的双向互动。"在这个平台上，人们可以根据需要进行各种类型的传播，既可以进行两人之间的'点对点'（面对面）传播，也可以进行个人对群体（小组）的（点对群）传播，还可以进行个人对大众、社会的'点对众'传播、'众对点'（大众传播）传播、'群对点'传播、'群对群'传播、'群对众'传播等。"[1]网络传播解决了传统媒体互动与反馈机制匮乏的问题，使建立国家形象的传播活动中脱离目标受众"自说自话"的尴尬局面得以避免。

（三）善用网络外交，扎实推进我国对外形象建设

为了更好地塑造对外形象，全面提升"软实力"水平，我国应善用网络媒体加快对外形象建设。

---

[1] 明安香：《网络传播正显英雄本色：综合传播大平台》，（http://www.cddc.net/shownews.asp?newsid=6529,2004.06.02）。

第一，统一思想，充分认识网络外交在国家对外形象建设方面的独特优势。互联网的迅猛发展已经引起中国有关部门的注意，逐步提升了对其影响力的认识，同时也强化了管理职能。但是，在对外传播、构建中国的国家形象方面，中国政府决策部门似乎并未充分认识到网络传播的独特作用，仍有需要强化认识的空间。

第二，统筹规划，制定一整套利用网络媒体塑造国家对外形象的战略。我国作为社会主义大国，其最突出的制度优势就是能够制定全方位的战略，然后按照战略有计划、分步骤地实施。今后，我国在制定对外宣传战略时，不仅要重视传统媒体在对外宣传方面的作用，而且应该突出发挥网络传播的重要性，利用网络传播打造中国的对外形象。

第三，加快发展，打造一批在国际上具有一定知名度的网络媒体。网络媒体作为对外形象构建的重要平台，只有具备一定的规模和公信力，才能获得海外民众的关注和认可。我国应该像支持传统媒体一样鼓励网络媒体的发展，尤其是帮助民营网络媒体做强做大，以弥补和解决传统媒体的缺陷和不足。

第四，机制创新，善用网络发动全民参与国家对外形象的建设。目前，我国对国家对外形象建设认识的外延已经拓宽，意识到构建良好的国家对外形象并非政府一方的责任，走出国门的企业、社会组织和个人也肩负着重要使命。在互联网传播时代，这一认识应该继续发展，不仅走出国门的行为体肩负重要的使命，足不出户的互联网用户也可以参与国家的对外形象建设。

目前，我国正处在全面崛起的关键期，尤其需要塑造与传播良好的国家对外形象，营造良好的外部舆论环境以及与世界和谐发展的氛围。当然，国家对外形象的塑造并非短时间就可以实现的事情，而是一个系统工程，需要不断改革创新思维和持续不断地努力。网络传播作为未来发展的大趋势，我国应该加大对这方面的投入，善用网络传播塑造我国良好的国际形象。

第六章　美国国家信息安全战略体系的借鉴意义

作为当今世界唯一的超级大国和信息技术的起源国家，美国的国家信息安全战略与国际信息安全格局可以说是密切相关的。"9·11"事件之后美国快速总结了失败的教训，及时调整了国家安全的信息战略，由"9·11"前的开放为主变成控制优先。美国成立了由副总统领导的国家国土安全部，其职责包括了保护本土信息基础设施的安全，并推出了一系列的措施来保护信息安全。奥巴马上台后，更加重视信息安全战略，不断强化美国的信息设施投入。

第一节　美国国家信息安全战略的实施方法

在信息时代，信息本身就已经是国家利益的重要组成部分，信息实力成为衡量国与国之间综合国力的一个重要的参数。作为信息技术的起源国，美国在信息技术和信息资源的利用方面，是世界上遥遥领先的国家，可以说当之无愧地成为了全球信息革命的推动者和领航者。美国拥有全球最大的软件生产商——微软公司(Microsoft)，最大的网络集成设备提供商——思科(Cisco)，最大的个人电脑制造商——戴尔(Dell)，最大的互联网搜索服务企业——Google公司,最强的SNS社区公司——(Facebook)，美国联邦政府的数字化、信息化也最为完善和先进。这种状况为美国制定和实施其信息战略提供了有利的条件，有利于充分研究信息领域威胁的来源和种类，制定相应对策，构建足够安全的信息系统，以各种信息技术手段在军事和外交领域推行符合美国利益的政策。相比经济、政治和军事战略，采取综合的信息战略维护美国的国家安全，具有明显的优势，主要体现在以下方面：

一、美国信息安全具有前瞻性战略

美国的国家信息安全战略体现了一种战略前瞻性的原则，主要体现在以下方面，一是制定了较为长远的信息安全规划，二是重建体系的安全策略取代传统的体系内安全策略，三是提前作好信息安全人才战略储备。

现阶段，新技术的不断开发和信息安全脆弱性的不断出现使得网络空间安全的保护成为了一项持续的工程。美国政府要求联邦机构及其他公共和私人机构制订一项多年计划来履行其职责，并在2003年推出《网络空间安全国家战略》，2011年5月和7月连续发布《网络空间国际战略》《网络空间行动战略》，这一系列战略并不是一成不变的，而是将随着技术的进步、安全威胁的变化不断更新。

此外，在重建体系的安全策略和加强信息安全人才的战略储备方面，美国政府也做了不少的工作，并且通过实践不断地进行实验、应用和修正美国旨在通过这一系列战略谋求主导网络安全信任体系，成为掌控全球网络安全的把关人。

二、美国信息安全先发控制及加强国际合作战略

"9·11"恐怖袭击事件发生之后，美国国内关于国家信息安全的认知发生了重要的变化，在美国决策圈内部，认为应该通过加强控制，来保障国家信息安全的认知将"9·11"恐怖袭击事件作为证据，获得了优势的地位；而在决策圈与外部环境的互动中，公众出于对自身安全的担忧，也普遍地接受了通过强化对信息流动控制保障国家信息安全的政策，大众传媒在一度趋向于恶化的安全环境面前，实施了有限度的自我限制。这些变化使得"9·11"事件发生后，美国的国家信息安全政策从"有效控制"逐渐变化为"先发控制"战略。

"9·11"恐怖袭击事件发生之后，在全球反恐的大背景下，更加突出了旨在加强国家信息安全的国际合作的重要性。在互联网世界中，信息穿越虚拟国界比穿越现实国界要容易得多，因此单一国家不可能单纯凭借自身的力量独立完成对全球信息流动的有效监控，因此加强国际合作对于美国而言也变得非常地必要。[1]

与控制相比，合作成为国家信息安全政策中的一项主要工具，其地位经历了一个逐渐上升的过程，同时，也是一个逐渐提升合作层次的过程：从简单的部门间合作，上升为基于多边或双边的国家合作。在信息安全领域的具体实践中，不同层次的合作是可以并存的，在同一时空环境下的不同国家之间，可以以不同方式实现涉及国家信息安全的合作。

---

[1] 田玉鹏：《美国信息安全战略对中国的挑战与启示》，载《现代信息》2009年第3期，第43页。

从美国的实践来看，国际合作始终是美国国家信息安全政策中的一个重要组成部分，这种合作的主要目的集中在实现对国际信息流动的有效控制。

三、美国信息安全柔性战略分析

一般情况下而言，柔性战略对于维护国家安全的效果要优于其他战略。从国家安全战略的实施手段来看，从现实主义国际关系理论而言，一般指的是进攻性现实主义和防御性现实主义，通常的做法是通过削弱对手的实力以减轻威胁和增强自身实力以保护重要利益两个方面，而军事手段往往难以在这两个方面取得平衡。按照罗伯特·杰维斯的攻防理论，国家间出于安全动机的行动——反应模式将不可避免陷入"安全困境"，"一国用以增强自身安全的各种方法和手段将降低对手安全，并终将导致自身更不安全"，原因在于，一个国家为了防御的目的而积聚军事能力，也会被其它国家视为需要作出反应的威胁所在，对手将因此发展进攻或防御能力，最终降低自身安全，反而会演变成竞争加剧和气氛紧张的局面。

从国际关系理论大师约瑟夫·奈的观点来看，杰维斯所分析的国家增强自身安全的各种方法和手段无疑可以归纳为"硬实力"的范畴，因此单单通过发展"硬实力"存在一定的局限性，并不能完全地解决这一问题。而美国信息战略的核心在于对"软实力"的综合运用，它影响的是对手的决策过程，注重吸引而非强迫的方式来维护国家安全。塞缪尔·亨廷顿也指出，物质上的成功使得某种文化或意识形态富有吸引力，而经济或军事失败导致自我怀疑或信任危机。所以，对手往往不会因为该国"软实力"的增强而产生畏惧感，或者不会意识到对手实施这种战略会产生威胁。特别是在信息战略的外交层面，信息和美国大众文化的传播增进了美国观念和价值观在全球的广泛认知和开放，这一方面是美国政府有意推行的政策所致,另一方面也得益于信息领域的开放性和越境信息流动的便利条件。[1]

除了战略前瞻性原则和采用柔性信息安全战略之外,美国的信息安全战略还在公众参与原则、重点部门信息保护、信息安全风险预防、政府加强引导以及推进信息安全国际合作等领域加大了投入和研发。一项综合性的国家信息安全战略应该是全方位的,事实上,美国的信息安全战略还在保护公民的隐私权、保护数字领域的知识产权、发挥法律法规和市场的力量方面作了大量的投入。

第二节 美国信息安全管理经验

美国在信息网络技术方面一直处于全球的领先地位,信息产业已经成了美国经济发展的支柱产业,信息安全问题也早已经渗透到了美国社会生活的各个方面,包括政治、经济、军事等领域。正由于网络信息技术及信息产业对美国国民经济及国家命运至关重要的作用,美国在世界范围内较早地逐步建立起了一套从联邦政府到地方州政府、到社会各个生产生活部门的全方位、多层次的信息管理体系。

一、美国高度重视信息安全管理领域中的法制建设

美国是全球互联网的起源国,也是全球互联网发展完善的国家,同时美国也是世界上最早实行信息法制化的国家,因此美国的信息安全管理中的法制建设相比世界上其他国家和地区来说是较为完善的。

第一,美国已经建立起了主要针对网络信息安全管理方面的、横向的内容完善的法制体系。自1987年美国颁布了第一部信息安全方面的法律——《计算机安全法》以来,美国一直都非常重视网络信息的法制化建

---

[1] 汪晓风,《信息与国家安全——美国国家安全战略转型中的信息安全分析》,复旦大学博士学位论文,2004年,第96页。

设。到目前为止，美国信息安全方面的法律已经涵盖了网络信息资源的安全性和保密性的保护、网络信息技术开发与使用的管制等网络信息活动的方方面面；另外，为了有力地遏制网络犯罪，美国还制定并不断修改了用于惩治计算机犯罪的专门法律。因此，可以说美国到目前为止建立起了内容比较完善的网络信息法制体系。[1]

第二，美国已经建立起了从联邦政府到州政府全面的完善的信息安全管理法制。在当今美国，除了联邦政府制定了内容完善的网络信息安全管理的法制体系以外，各个州政府针对网络信息的不断发展也不断完善了州政府网络信息安全管理的法制体系。由此，我们不难看出美国在信息安全管理方面制定的法制体系已经几乎完全覆盖了从联邦政府到州政府到州里面的各个生产生活部门和企业，是相对较完善的纵向网络信息安全管理的法制体系。

从美国信息安全管理中的法制建设现状来看，美国在网络信息法制化建设方面发展得较为成熟，已经建立起了横向、纵向几乎涵盖美国社会生产、生活各个方面的网络信息安全法制体系，基本上达到了通过法制建设来有效地遏制网络非法行为，保证国家信息安全的目的。

二、美国信息安全管理的体制分析

自2002年小布什政府组建美国国土安全部以来，美国信息安全保护任务正式移交到美国国土安全部，在国土安全部的领导下，美国也自上而下地建立起一个以联邦信息安全部为核心的组织结构严密、分工明确、指挥统一的国家信息安全组织体系。

美国的联邦信息安全部是美国国家信息安全系统的领导部门，负责整个美国国家安全信息的领导、协调与指挥工作。按照各个部门职能的不同，美国的联邦信息安全部下设联邦咨询委员会、美国国防部、美国中央情报

---

[1] 胥鹏：《网络信息条件下我国国家信息安全与策略研究》，山东大学硕士学位论文，2010年。

局、美国商务部等几个部门,他们分别负责信息安全领域的不同侧重点。

此外,美国联邦信息安全部还包括总统行政办公室、首席信息官理事会、国家通信系统、联邦通信委员会等职能部门,他们在联邦信息安全部的共同领导下相互协调配合工作,负责美国整个国家各个方面的国家信息安全工作。

从美国联邦信息部的职能机构设置可以看出,美国目前已经建立起一整套统一协调、统一指挥、专业化分工的中央国家信息安全体系。在联邦信息安全部的统一部署及统一领导下,国家能够在最短的时间内充分调动社会一切资源,在保证效率的情况下提供资源的共享程度;同时,专业化的分工负责又能充分发挥各个职能部门的专业特长,提高各个部门的办事效率。

三、美国信息安全管理工作机制分析

为了保证美国国家信息安全组织体系的正常、高效运行,美国同时建立了一套涵盖了从计算机应急响应到信息安全研发、信息安全测评等到信息安全培训教育一整套行之有效的的工作机制。

(一)计算机应急响应系统

计算机应急响应系统主要是通过前面所述的从美国中央到各个州到各个私营企业、事业单位等社会各个方面的计算机安全网络对计算机攻击事件进行网络实时监控、实时响应来达到在最短的时间内发现并查找危害信息安全的行为,并同时根据计算机应急响应系统进行最及时的处理。

(二)加强国家信息基础设施的保护

随着网络的普及,信息基础设施已经在国家社会生活的各个领域中发挥着不可替代的作用,政治生活、经济运作、商业活动、军事安全和文化娱乐,都依赖庞大而复杂的网络系统。而政府、社会团体、公司的网站每天都会面临各种网络攻击,因此只有不断加强国家信息基础设施的保护,

才能减少信息给国家的政治经济和国家安全带来的隐患。[1]

从2009年开始,美国总统奥巴马出台了一系列网络安全战略,使之成为美国国家安全战略的一部分。其内容包括:任命白宫网络安全协调官协调美国的网络安全事务;把网络基础设施列为战略资产加以保护;成立网络战司令部,加强网络攻防能力。奥巴马政府网络安全战略的实质是谋求网络威慑,实现美国的制网权。

(三)信息安全人才培养以及完备的教育培训机制

人才培养是美国新兴安全保障体系中非常重要的一环。美国政府历来重视信息安全人才的培养,为培养信息安全人才,出台了各类信息安全教育项目。其中比较有代表性的教育项目包括:联邦计算机服务(FSC)项目、服务奖学金(SFS)项目等。[2]与此同时,美国在建立完善的基于网络信息技术的国家信息安全体系的同时,还建立起了一套完善的信息安全培训教育体系,并通过该体系的建立充分调动人才在国家信息安全管理中的核心作用。美国政府建立了涵盖政府、学校、企业、社会各个层面的培训教育体系,能够保证从社会的各个层面都对美国国民进行国家信息安全培训与教育,提高全民国家信息安全意识与保护国家信息安全的技能。

第三节 美国信息安全优势获取途径

美国国家信息安全战略的要素,包括国家信息基础设施的保护、信息战、心理战、公共外交等,是与其信息战略目标相一致的。一国信息战略的目标一般包括三个方面,即获取信息优势、降低国家信息系统脆弱性并保障信息安全和对跨国信息流动的管理和控制。

美国利用对信息资源及相关产业的垄断地位,对信息技术相对落后的国家实行信息技术控制、信息资源渗透和信息产品倾销,在国际间实行技

---

[1] 郝文江、马晓明:《美国信息安全发展对中国发展战略的启示》,载《信息安全与技术》2011年第1期。
[2] 郝文江、张乐:《美国信息安全战略发展研究》,载《北京人民警察学院学报》2010年第1期,第30页。

术垄断、技术殖民和技术霸权。这就是信息霸权主义。它导致信息弱国信息技术更加落后,加剧了世界两极分化现象。其特点之一是利用自身在信息技术方面的优势限制、压制他国对信息这种新的生产要素的自由运用,甚至通过垄断信息技术来控制别国的经济命脉;二是借助信息优势撬开别国大门,把信息当做是宣扬其政治、思想、文化、意识形态及价值观念的重要载体进行渗透,攫取别国涉及国家利益的绝密信息,影响甚至制造全球舆论,实现其政治目的。

信息战、心理战与公共外交的目标其实都是希望取得一种信息优势,而对国家基础信息设施的保护则是为了降低国家信息系统脆弱性以便保障国家信息安全,因此,所有这些要素都服务于美国国家信息安全目标,它们相辅相成,是美国国家信息安全战略的重要组成部分。其信息战略优势获得的途径主要体现在以下方面:

一、加强思想文化渗透

思想文化渗透包括进行政治上的宣传灌输,把自己的价值观强加于人,搞强权政治;进行文化渗透和文化侵略,搞"文化殖民主义";进行生活方式上的影响,搞"网络民族主义"和"网络种族主义"。

二、保持网络语言优势

英语作为网络中的通用语言,其影响力已经让任何一种语言无法与之相抗衡。互联网上的绝大部分图文资料都是英文。而这些英文的图文资料,换一种角度来说也是对其他文化的侵袭、对文化主权的侵蚀。在美国著名的政策杂志《Foreign Affairs》中有一篇文章是这么描述的:"美国应该确保:如果世界向统一语言的方向发展,那么这些标准应该是美国的标准;如果世界逐渐被电视、广播和音乐联系在一起,那么这些价值观应该是符合美国人意愿的价值观。"因为"利用信息时代的工具来宣传美国的理想也许是促进美国利益的最和平和最强有力的方法"。

三、增加心理战威慑

孙子曰:"不战而屈人之兵,善之善者也!"诸葛亮也曾说过:"夫用兵之道,攻心为上,攻城为下;心战为上,兵战为下。"现在心理战已沦为西方霸权国家的主要工具之一。他们在互联网上通过过分夸大自己政治、经济、军事等实力,给他国造成心理上的压力;或大面积地揭露对方政治、经济、军事和社会生活矛盾,激起他国国内敌对情绪,影响他国决策或促使他国政府倒台。

除以上手段之外美国还通过网络恐怖主义等,采用非法手段攻击或威胁攻击计算机、网络及其中的信息,来威慑或威迫一国政府和平民百姓。

由此可见美国国家信息安全战略在保障自身安全的前提下,已成为对我国和其他国家安全的新威胁。

第七章　中国信息安全面临挑战及未来建议

　　我国的信息安全面临着严峻的考验，情报机构日益猖獗的渗透、多种多样的网络威胁等现实情况都在威胁着我国的信息安全。另外，网络舆论在近几年对于国家安全的影响日趋凸显。因为网络传播的特殊性以及我国的信息网络缺乏有效的准入制度和监管机制，一些错误的、虚假的和别有用心的信息大量快速生成、传播和泛滥，这对我国现实生活造成了非常严重的影响，甚至会危害国家安全和国家形象。

第一节　我国信息安全面临主要威胁分析

一、我国国家安全受到情报机构日益猖獗的渗透

情报渗透一直是全球情报机构对利益相关国家进行情报活动的重要手段。长期以来，国外的情报机构一直企图刺探中国的国家秘密。进入信息时代以来，通过网络信息渠道窃取情报已经成为境外情报机构的一个重要途径。因为信息网络规制不力而导致的泄密事件使中国每年损失上百亿元。[1] 近些年来，国内信息安全部门就发现了境外间谍机关实施的多次大规模网络窃密行动，攻击对象全是中国政府部门、军队以及国防科研机构、军工企业、保密单位网络。受到攻击的单位遍及我国绝大部分省、自治区、直辖市，甚至还包括我国十几个驻外机构。[2] 境外反对势力甚至利用网络策划、组织与实施针对中国领土完整和政权巩固的颠覆、分裂破坏和暴力恐怖袭击等刑事犯罪活动，使中国的国家信息安全面临极为严峻的挑战，已经严重危及中国国家政治安全。

黑客活动日趋组织化、政治化。目前，黑客已一改往日的无组织状态，开始组建黑客阵营，形成一个个极其复杂的群体联盟。网络的飞跃发展扩大了黑客活动的范围和视野，他们不再局限于个人进行信息盗窃和破坏，正在加速演变成一种社会力量，形成具有政治化倾向的集团联盟。越来越多的黑客组织出于爱国主义、意识形态、政见分歧、民族主义等原因而不断介入国家间的冲突，它们的攻击目标从各国的国防部门网站、大商业机构和政府机关信息系统扩展到了普通的电脑用户，成为威胁国际秩序、国家间关系乃至社会稳定的主要因素之一。

---

[1] 顾华详：《中国网络信息安全形势及法治对策》，载《当代传播》2010年第4期。
[2] 黄日涵：《网络间谍与中国国家安全研究》，载《长春大学学报》2010年第3期。

2007年，相关部门发现了境外间谍机关实施的一次大规模网络窃密行动，攻击对象全是中国政府和军队以及国防科研机构、军工企业网络，受到攻击的单位遍及我国绝大部分省、自治区、直辖市，甚至还包括我国十几个驻外机构。根据已查明的情况，在该案中被境外情报部门控制的电脑和网络达数百个，窃密内容涉及政治、军事、外交、经济、医疗卫生等多个领域。[1]

在另一起网络间谍案调查中，有关部门从政府某部门及其对口地方单位的电脑网络中检测出了不少特制的木马程序，检测结果表明，所有入侵木马的连接都指向境外的特定间谍机构。专业部门进行检测时，测出的木马很多还正在下载、外传资料，专业人员当即采取措施，制止了进一步的危害。

这起案件让我们重新审视这个问题，网络间谍可以利用防火墙的漏洞进入核心要害部门窃取情报、破坏数据、改变路径、修改指令，甚至以此来控制对方的武器系统或部队，由此可见，新形势下的信息安全给国家安全出了一道苦涩的难题。[2] 如何在新的形势下处理好网络安全问题，构建综合防范体系，减少网络间谍给中国国家安全带来的危害已经变得日益重要。

二、网络威胁形式多样，经济利益成为网络攻击的最大驱动力

网络攻击呈现出组织严密化、行为趋利化、目标直接化的趋势。网络欺骗手段进一步升级，黑客不光利用电子邮件和网站进行诈骗，具有"网络钓鱼"性质的病毒也开始出现，勒索软件、网络游戏、网络银行盗号木马等被广泛使用,都充分说明了经济利益已经成为网络攻击的最大驱动力。网络黑客逐步形成了较为严密的组织，在组织内部分工明确，从恶意代码的制作、恶意代码的散布到敏感信息的窃取都有专人负责；网络攻击从最

---

[1]《网络间谍密集攻击我方电脑日益威胁中国安全》，中国经济网（http://www.ce.cn/culture/today/2007 10/30/t20071030_13413915.shtml），2007年10月30日。
[2] 蔡翠红：《信息网络与国际政治》，学林出版社，2003年版，第161页。

初的技术炫耀转向获取经济利益，网络攻击的针对性和定向性越来越强；针对特定目标的网络攻击具有更大的威胁和破坏性。主动防御理论亟待产生行之有效的方法，信息安全防护形势严峻。[1]

三、中国信息安全日益受到网络舆论影响

作为网络信息安全的重要组成部分，网络舆论在近几年对于国家安全的影响日趋凸显。由于互联网的普及，更多的普通百姓有机会通过网络参与到原本只属于精英阶层的一些讨论中来，但是由于网络舆论的参与人和受众具有身份的双重性，他们既可以是传播者也可以是受众，传播双方易位频繁，呈现全方位易位趋势。因此网络舆论的模式使得传播过程中的接受方能对信息迅速作出反馈，并发表意见，而这种反馈或者意见，又能很快作为新的网络舆论内容传播给广大公众。

因此网络舆论很容易被一些敌对机构利用，大肆"进行意识形态渗透，散布政治谣言，企图搞乱中国安定团结的大局，搞乱人心"，进而达到自己不可告人的目的，威胁中国的国家政治安全。事实充分证明境外的敌对势力已经擅长使用信息网络这种传播工具来干扰甚至破坏国家形象，并严重影响国家政治安全。近年来，信息网络的融合掀起了媒介融合的新浪潮，推动数字技术支持下的新兴媒体快速朝着"无处不在、无所不有"的状态发展，但与此同时，由于信息网络上缺乏有效的准入制度和监管机制，导致一些错误的、虚假的和别有用心的信息大量快速生成、传播和泛滥，并对现实生活造成严重影响，甚至危害国家安全和国家形象。这些来自信息网络上的舆论攻击，不但损害了中国政权的巩固、政治制度的稳定以及各族人民群众的团结和谐，而且恶化了中国的外交环境，丑化了中国国际政治形象，其用心十分险恶。

---

[1] 吕欣：《我国信息网络安全现状与趋势（2006—2007）上》，联想网御特别供稿。

第二节　关于中国信息安全面临问题的思考

21世纪的竞争是经济全球化和信息全球化的竞争。世界上大多数国家都已经将信息安全提升到国家战略的高度，并在积极研究和采取相应的对策。随着信息网络发展和应用的加快，中国同样也面临着信息安全问题带来的严峻挑战。随着网络深入千家万户，国民经济和社会生活对信息和信息系统的依赖性越来越大，由此而引发的信息安全问题对国家安全的影响也日益增加、日益凸显，在这种形势下，国家安全面临着全新的挑战，因此我们必须高度重视。

在现代互联网信息技术的载体下，有关国家安全的信息借助网络在世界范围内高速传播，而我们应对网络信息的管理模式又相对滞后，因此使得信息安全变得很脆弱，给国家信息安全造成了前所未有的威胁与挑战。正如美国国家安全委员会基础保护与反恐怖主义全国协调员理查德·克拉克所说的："信息技术革命让我们把自己暴露在易受攻击的脆弱地位。"[1]要有效解决这一问题，我们需要对新时期信息安全问题进行重新思考。

网络信息安全的平稳运行已经成为维系社会秩序的重要先决条件。网络一旦出现漏洞，事关国计民生的许多重要系统都将陷入瘫痪状态，国家安全也将因此遭受损害。另外，由于现代社会对信息的依赖程度越来越高，网络基于其信息传播便捷、形式多样、即时互动等特点，已经超越所有传统媒体，逐渐成为具有主导性的信息传播新模式。

每天充斥的海量网络信息，不仅涉及一个国家的政治、经济诸方面，还直接影响着公众的日常生活，甚至能操控民众的心理和意志。作为超越媒体的"政治软力量"，网络信息传播一旦被作为对一国实施政治攻击的工具，对内可以直接威胁到该国政权和政治制度的稳定，对外则可以恶化

---

[1] Hard Clarke. Network Security [J].IT Security standardization, 2004(12)，p6-11.

其政治外交环境,进而严重危及国家安全。一旦重要的网络设施受到攻击,陷入瘫痪,整个国家安全就将面临巨大的危险,其后果并不亚于用核弹直接轰炸一个国家的重要设施,甚至更为严重。因此我们更应该深入关注网络信息安全给我国国家安全带来的严峻挑战。

一、社会总体信息结构的风险性和脆弱性

以网络为基础的社会总体信息结构,包括军事领域、经济领域、政治领域,乃至交通、通讯、医疗等一切方面,它们均具有高度风险性和脆弱性,从而信息安全威胁对全社会都会产生极强的破坏性和弥漫性。

随着计算机的大面积应用,越来越多的机构不得不重新布局以与技术的发展保持一致。在这个过程中,社会作为整体,变得越来越依赖于大型与微妙相结合的技术系统。网络成为国家控制经济和安全不可缺少的技术盔甲,它的安全、持续运转,成为维系社会秩序的先决条件。今天不单是全球化金融系统利用网络在世界范围内转移资金,大多数公司把财务记录储存在计算机内,甚至国家的整个军用和民用基础设施都越来越依赖于网络。如今网络不仅是信息传递的工具,而且是控制系统的中枢;不仅国防设施要靠网络指挥,包括电话网、油气管道、电力网、交通管理系统、金融系统和卫生保健系统等事关国计民生的各个方面,都越来越依赖于网络的安全性。在严重不公、缺乏合适的国际治理机制的时代,难以控制的技术漏洞必然会导致不可避免的安全攻击和灾难。正如 George·K·Walker 所概括的:"全球范围内正在出现一场由有形生产和破坏方式向无形生产和破坏方式过渡(转变)的革命性变化,信息战(信息恐怖主义)正是这种全球性革命变化一部分的冲突的示范性表现。"[1] 由此可见信息安全对于国家安全起着非常重要的作用。

---

[1] Vanderbilt. Information Warfare and Neutrality. Journal of Transnational Law, 2000, p11.

二、网络世界的互联互动与全球"即时效应"

信息空间和网络世界的互联互动特性，形成史无前例的全球即时扩散和"即时效应"，从而使安全问题具有全球覆盖性和无一幸免性。

互联网无论是在传播的速度和规模、影响的地域范围，还是媒体的表现形式等诸多方面，都远远超出了以往的大众传播媒体，因而在社会和政治动员中发挥着其他媒体所没有的重要作用，在许多方面常常可以在全球范围内引起所谓"即时效应"。某个普遍关注的事件发生后，立即就可能在网络世界产生连锁反应，各个电子公告栏、新闻组以及邮件列表等虚拟交流场便会同时出现报道、评论、讨论，分布在世界各地的人便会在顷刻间"聚首一起"，视事件的性质，许多源于民众的自发性抗议很快就会形成有组织的集体行动。这种抗议浪潮甚至会通过"无边界的数字王国"迅速扩散到对媒体和舆论实行严厉控制的国家和地区，从而干预到具体的社会、经济以及政治决策和进程。这样，数万里以外异国的一只蝴蝶因某个原因抖动翅膀，便可能在万里之遥的本国发生风暴。这就是网络的波动效应和扩散威力。

互联网的这种"即时效应"在社会运动和政治动员中表现得最为明显。例如，极右分子可以利用网络的迅速广泛传播特性在广阔的空间范围内获取"即时效应"。至于网络金融上的风险传递则是已为东南亚金融危机迅速传播蔓延所证明了的事实。

互联网不仅互联，而且互动。上网者以低廉的代价就可以在广大的范围发布信息，在某种意义上，"每个人都成为全球范围的媒体制造商"。这不但对一般的人际交往和信息传播模式产生了巨大的影响，同时，也塑造了新的社会关系，创造出各种社会运动。可见，互联网既是一种媒体，本身又构成了一种环境。从这个意义上说，麦克卢汉的名言"媒体即讯息"[1]

---

[1] McLuhan,Marshall.Quentin Fiore, and Jerome Agel,The Medium Is the Massage:An Inventory of Effects, New York: Random House,1967.

才在当今的信息空间时代成为真正的真实。[1]

三、国民信息安全意识淡薄，信息安全立法不健全

"人是网络的建设者和使用者、网上内容的提供者和消费者……人网结合是网络时代信息安全的本质特征"，黑客工具、病毒的制造者是人，Internet 防线最薄弱的环节也是人，八成以上的成功入侵都是利用了人的无知、麻痹和懒惰，所以人的安全意识对 Internet 的安全具有决定作用。网络安全意识淡薄，是当前存在的一个十分严重的问题。一部分人怀有盲目乐观的情绪，他们认为我国信息化程度不高，更没有广泛联网，上互联网的只是少数人，报刊报道的发达国家的网络安全事件，在我国不太可能发生，如果发生也是多年以后的事情，不必大惊小怪，处于"居危思安"的心态中。一部分人满足于拿来主义。他们认为在互联网上就有许多加密软件可以下载。而且有些人在使用密码中存在误区，认为有变换就是密码，有算法就能安全，缺乏密钥管理意识。还有一部分人对国外公司的宣传盲目信任，盲目听信商业广告宣传，相信他们吹嘘的所谓安全解决方案和他们推销的密码。殊不知，外国政府对我国出口信息安全技术设备和密码算法的强度有严格的限制，我们能够得到的只是人家可以监控的、功能弱化了的产品。凡此种种，都说明人们的安全意识有待提高。据《中国计算机报》的统计，中国已经上网的所有工业中，有 55% 的企业没有防火墙，46.9% 的企业没有安全审计系统，67.2% 的企业没有入侵监视系统，72.3% 的企业没有网站自动恢复功能。一位黑客如果敲键的速度足够快，一天可以黑掉 100 个中国网站，寻找网站的安全漏洞简直成了体力活。中国网站的安全系数如此低，主要原因在于没有信息安全意识。

网络在中国发展缓慢，与西方国家相比，中国涉及网络的立法也比

---

[1]《信息安全问题的特点和趋势》，(www.duozhao.com/lunwen/j17/lunwen_59767_4.html)。

较晚。直到 20 世纪 90 年代，中国才初步建立起一套法律体系。1994 年 2 月颁布了《中华人民共和国计算机信息系统安全保护条例》，这是中国第一部计算机安全法规；1999 年 2 月又出台了《中华人民共和国计算机信息网络国际联网管理暂行规定》。虽然我国已经出台了一系列关于信息安全的法律法规，但缺乏配套的管理和处罚细则，这些法令对当前很多的计算机系统安全问题并没有详细的解释，远远不能满足需要。

四、基础信息安全产业严重依赖国外

我国的网络建设热潮是从 1999 年开始的。由于互联网在我国发展非常迅猛，造成了这方面人才的相对紧缺。我国的信息化建设尚未脱离大量依赖非专利技术的状态，整个网络系统缺乏自主技术支撑，从而出现了"网域不设防"的严重局面。我国计算机网络（包括军用网络）所使用的网管设备和软件基本上是美国公司的产品，目前美国微软几乎垄断了我国电脑软件的基础和核心市场，离开了微软的操作系统，国产的软件都失去了操作平台。这些因素使得我国的计算机网络安全性能大大降低，被认为是很容易被窥视和容易受到攻击的"玻璃网"。由于没有关键的自主技术，加上其他诸多方面的缺陷和不足，我国的网络信息安全系统实际上处于非常脆弱的状态。信息安全专家、中国高能物理研究所研究员许榕生一针见血地指出"我们的网络发展很快，安全状况如何？现在有许多人投很多钱去做网络，实际上并不清楚它只有一半的根基，建的是没有防范的网。有的网络顾问公司建了很多网，市场布好，但建的是个裸网，没有保护，就好像盖了很多楼，门窗都没有加锁就交出去给人们用。"更令人担忧的是人们往往沉醉于网络的发展速度，网络信息安全发展水平被大量的假象和浮躁所笼罩。事实上，"只要芯片和操作系统都是别人的，那就相当于在沙滩上建高楼，毫无安全可言。"

互联网自身的特点，及其在国家安全中的重要地位，决定了我国必须高度重视网络建设，加快网络建设的步伐。针对我国现阶段网络安全的状况，寻求解决网络安全问题的途径。

尤其是我国国民经济信息化提上政府议事日程，电子商务也正以前所未有的速度迅速发展，但由于许多应用系统处于不设防状态，存在着极大的信息安全风险和隐患。金融领域中这一现象更为突出。对我国金融系统计算机网络现状，专家们有一些形象的比喻：使用不加锁的储柜存放资金（网络缺乏安全防护）；使用"公共汽车"运送钞票（网络缺乏安全保障）；使用"邮寄托寄"的方式传送资金（转账支付缺乏安全渠道）；使用"商店柜台"方式存取资金（授权缺乏安全措施）；使用"平信"邮寄机密信息（敏感信息缺乏保密措施）。所以在我国高技术犯罪的案件已呈直线上升趋势，金融银行业计算机犯罪屡有发生，个案金额已从数十万上升到上百万。更严重的是，中国目前在信息技术方面基本上完全依靠西方特别是美国。信息系统的硬件和软件主要从境外特别是美国进口，自己有充分能力生产的只是一些附加配件。而我们又相对缺乏知识和经验，存在花钱买淘汰技术和不成熟技术的现象。我国的电脑制造业虽然有很大的进步，但其中许多核心部件都是原始设备制造商的，我们对其的研发、生产能力很弱，关键部位完全处于受制于人的地位。中国的 IT 技术至今仍处于"组装式生存状态"，最根本的平台核心计算机的核心——CPU，中国自己却无法把握。我们的电脑软件面临市场垄断和价格歧视的威胁。微软已垄断了我国电脑软件的基础和核心市场。离开了微软的操作系统，国产的一切软件都失去了操作平台。而且对别国提供的关键装备中可能预做的手脚无从检测和排除，可能造成既花费大量资金又买来经济运行中的潜在隐患。[1] 中国工程院院士、信息专家沈昌祥形象地比之为"美元买来的绞索"。由于国外电脑硬件、软件中可能隐藏着"特洛伊木马"，一旦发生重大情况，那些隐藏在电脑芯片和操作软件中的"特洛伊木马"就有可能在某种秘密指令下激活，或使民用电脑全

---

[1] 倪健民：《信息化发展与我国信息安全》，载《清华大学学报（哲学社会科学版）》2000年第1期，第59页。

部无法启动，或使我国政府、军事电脑网络，电信系统瘫痪，造成灾难性的经济、社会和军事后果。

面对着复杂的国际国内环境，如何更好地维护我国的信息安全，亟须转变思路，加强科学规范和调控发展。不管是现在还是将来我们都必须始终保持清醒头脑，科学分析我国全面参与经济全球化的新机遇、新挑战，全面认识信息化深入发展的新形势、新任务，进一步强化信息化建设。[1] 尤其是在制定我国网络信息安全应对策略时，我们更应该遵循客观规律，学习借鉴国外的成功经验。结合我国的国情，制定既符合国际通行规则，又具备中国特色的信息安全战略，构建有中国特色的信息安全保障新体系。[2] 这样才能切实有效地处理好信息安全给中国带来的挑战。

第三节　中国信息安全未来建议

面对复杂的国际环境，如何有效科学应对网络信息面临的挑战，对于维护中国国家安全已经变得益发重要。只有从战略的角度思考网络信息安全问题，才能做到切实保障信息安全，进而维护国家安全和社会稳定。

作为信息时代的重要标志，互联网以其"无国界性"和"超领土"的虚拟存在特性，已经全面渗透到现实世界中的政治、经济、军事和文化等领域，以至于许多国家都开始把网络当做继领土、领海、领空之后的第四空间。[3] 正是由于第四空间对现实空间起着越来越直接的制约作用，网络的战略重要性甚至超越了领土、领海和领空，成为国家安全的"无形疆域"。

因此，"信息主权"的概念逐渐浮出水面，也逐渐受到广泛的重视，这一概念的提出，充实了国家主权的原有内容，使国家主权的内涵范围也随之增大了。信息主权代表了信息领域内的国家主权，是国家在网络信息

---

[1] 《中共中央关于加强和改进新形势下党的建设若干重大问题的决定》，中国方正出版社，2009年版。
[2] 卢新德：《构建信息安全保障新体系》，中国经济出版社，2007年版，第240页。
[3] 黄永垠：《互联网与国家安全》，载《省部领导论坛》2010年第2期。

与通信领域的管理统治权,以及对本国内信息的产生、传输和相应法规制定的最高决策权。信息主权的出现,使国家主权的内涵由原本的陆权、海权、空权,又增加了针对信息领域的信息权,信息主权已经成为超越国界的全球性概念。[1] 因此,要更好地维护信息主权,我国应尽快确立自己的政策方向,扶持自主知识产权的国内安全产品、操作系统、数据库等厂商,在信息安全领域维护自己的信息自主权。

一、确定信息安全为我国的基本国策

信息安全作为国家安全的重要组成部分,关系到经济的发展、社会的稳定、政权的巩固、民族的兴衰和国家的存亡。据此,我们应当把信息安全确定为基本国策,从国家战略的高度构建信息安全保障新体系。

各级政府和有关企业、事业单位的第一把手挂帅,主管领导亲自抓,加强信息安全保障工作的领导。就全国而言,通过改革,建立健全统一、高效、灵活、有权威的信息安全组织体制,负责领导、协调全国各地区、各部门、各行业的信息安全保障工作。各地区、各部门甚至各行业都要有相应的、专门的信息安全领导机构和信息安全工作机构。

二、必须加快制订并实施国家层面信息安全战略目标

信息安全战略目标是指一个国家在某一个时期内,在信息安全领域所需达到的目的、标准和水平。信息安全的战略目标既不能过高,又不能过低,应该是积极可靠的,通过努力可以达到的。只有网络信息安全作为国家安全战略的一部分,把网络基础设施列为战略资产,实施保护才能真正地将信息安全战略建设落到实处。

根据目前我国信息安全的现状,在接下来的相当长的一段时期内,

---

[1] 侯欣亮:《网络时代中国国家信息安全问题研究》,辽宁大学硕士学位论文,2011年。

我们应该增强对国家信息基础设施和重点信息资源的安全保障能力建设，开发可以保护国家主要机关设施的网络信息安全体系，逐渐在制度上和技术上完善网络信息安全战略，有效应对网络信息安全带来的威胁和挑战。

信息安全内容丰富，涉及面广。构建信息安全保障新体系是包括技术、管理、法律、政策、文化在内的系统工程。它与人民群众的利益密切相关，涵盖从官方到民间及社会生活的各个领域和社会生产的各个环节。因此，应该遵循客观规律，借鉴国外成功经验，从我国的实际出发，做到既符合国际通行规则，又具有中国特色。而这样的信息安全保障新体系的战略目标可以明确为：以人为本、全方位、多层次、综合性、高效益、可持续发展。实现上述战略目标，必须"积极防御、综合防范"。所谓积极防御，就是坚持用发展的思路解决信息安全问题，提高隐患发现、安全保障、应急反应、信息对抗等能力，实现对网络系统和信息系统的有效控制。所谓综合防范，就是坚持预防、监控、应急处理和打击犯罪相结合，处理好保护、检测、反应、恢复、预警、反制这六个环节中的工作；从组织框架、监管、监控、打击犯罪、应急处理、法律、标准、人才、技术和产业发展等方面入手，动员和协调一切积极因素，共同构筑国家信息安全保障新体系。

三、必须把保障网络信息安全作为新形势下对敌斗争的重要领域

进入信息化时代，信息技术的基础性、全局性和普遍性作用不断凸显，信息安全作为"非传统安全"的核心内容之一，与政治安全、军事安全、经济安全等并列成为国家安全体系中的关键组成部分。[1]

实践证明，在信息全球化条件下，保障信息安全已经成为新形势下对敌斗争的重要领域，成为反分裂斗争的重要战场之一，并且对维护稳定与团

---

[1] 蔡岩红：《完善信息安全保障体系迫在眉睫》，2009年12月3日《法制日报》。

结工作提出了新挑战。[1]在信息全球化条件下,中国在"非传统安全"领域里构筑起维护国家安全的战略屏障,必须坚持从国情出发,从全球区域安全的战略高度上把保障信息安全视做维护国家安全的重要环节,使信息安全成为国家安全战略的重要组成部分,纳入国家安全战略的框架体系之中。

四、站在战略的高度,总体规划法律法规

信息安全的保障不仅要依靠技术自主创新、管理控制规范,还需要先进、完善的法律法规加以约束和保护,中国应尽快建立起中国的信息安全法律体系。现行的有关信息安全的法律规范大多只是国务院制定的行政法规或国务院部委制定的行政规章,立法理念和立法技术相对滞后,已出台的条例和规定之间的协调性和相通性不够,有些法规制度过于原则或笼统,缺乏可操作性等。[2]面对着新形势下的信息技术发展态势,需要确立起法制建设,要保障和促进国家的信息化法制建设,为社会信息化发展提供全面服务的指导思想,修正传统的立法理念,在保障国家信息安全的同时,也将公民信息作为保护关键基础设施计划的一个重要部分,加强对个人秘密信息的保护。[3]

建立健全信息安全法律体系和标准化体系,并且将标准化体系纳入法律体系和法制范畴,赋予标准化体系以国家意志的属性,使其具有强制实施的法律效力。这是促进信息化建设健康发展、构建信息安全保障新体系的内在要求和主要内容。这样做,就必须从我国国情出发,学习和借鉴国外先进经验,认真总结我们自己的经验,积极探索加强信息安全法制建设和标准化建设的新思路,以建立符合国际通行规则,又具有中国特色的信息安全法规体系和标准化体系,维护国家信息安全。在全球信息化条件下,信息安全涉及政治、经济、军事、文化等诸多方面,

---

[1] 顾华详:《中国信息安全面临的挑战及法治策略探讨》,载《中国浦东干部学院学报》2010年第7期。
[2] 蔡拓:《全球问题与当代国际关系》,天津人民出版社,2002年版,第37页。
[3] 郑声文:《关于保障中国信息安全问题的战略思考》,载《兰州学刊》2004年第4期。

而信息网络发展在地域上又极不平衡，信息强国对于信息弱国已经形成了战略上的"信息位势差"，居于信息低位势的国家，其政治安全、经济安全、军事安全乃至民族和文化传统都面临着前所未有的冲击和威胁。而以军事安全为中心的传统安全观，已经逐渐被政治安全、军事安全、经济安全、社会安全、文化安全以及信息安全在内的新的综合安全观所取代，世界各国普遍面临着信息安全威胁的严重挑战。特别是信息网络已经成为超级大国谋求战略优势的工具，信息疆域已经不再是以传统的地缘、领土、领空、领海来划分，而是以带有政治、经济、文化和军事影响力的信息辐射空间来划分。信息疆域的大小、信息边界的安全都直接关系到国家和民族的兴衰存亡。[1]

完善我国信息安全法律法规，依法加强信息安全管理，及早建立并完善我国信息安全的法律体系，依法治网，依法管网，有法可依，有法必依。

五、建立健全信息风险的预警、防范机制

信息安全保障新体系中的预警机制是由能够灵敏准确地昭示风险前兆并及时提供警示的机构、网络、制度、举措等构成的系统功能。建立健全超前反馈、及时布置、防风险于未然、能够打信息安全主动仗的信息风险预警机制，需要从以下几个方面作出努力：

一是完善国际化的信息网络；二是完善信息风险评估制度；三是培育信息风险专业分析队伍；四是设计信息风险指标体系；五是健全信息风险监控体系。

当预警机制发出可能发生危机的警示信号以后，接下来就是有效地降低或避免风险，防范与控制危机。根据风险的类型与成因，建立信息安全防范机制，包括建立物理防范机制、技术防范机制、管理防范机制、犯罪防范机制、心理防范机制等。建立以技术防范机制为核心、以管理

---

[1] 杨绍兰：《信息犯罪、信息安全与信息防范的路径分析》，载《河南图书馆学刊》2008年第5期。

防范机制为关键、以违法犯罪防范机制为保证、以心理防范机制为前提的风险防范新机制,应当采取综合配套措施,并且得到政策上、体制上的支持。[1]

六、建立健全信息安全的管理机制

实际情况表明,大部分信息安全问题是由管理原因而非技术原因造成的,是可以通过科学的管理来避免或解决的。从国家战略的高度重视和搞好信息安全管理,就必须深化改革,全面创新,建立健全信息安全管理机制。

新的信息安全管理机制,根据信息网络的性质、特点、运行规律、业务需求和国家有关规定,以一定的制度为基础,加强人事管理、标准管理、数据管理、设备管理、运行管理、场地管理等,由相应的管理机构组织、协调、保障信息的安全。企业信息安全管理机制是整个信息安全管理机制的基础。它为确保基层网络信息安全创造良好条件。国家信息安全管理机制是整个信息安全管理机制的主导。它为国家信息化建设创造良好环境,为企业信息安全管理指明方向、规范行为。所以,需要统筹规划,全面安排,兼顾宏观和微观,从各个方面、各个层次、各个环节上建立健全信息安全等级保护制度。这是信息安全管理制度,乃至信息安全保障新体系中的一项基本制度。我国政府下发的《关于信息安全等级保护工作的实施意见》(以下简称《实施意见》),规定了信息安全等级保护的基本内容、基本原则、工作重点和目标要求。根据《实施意见》,就要创造性地开展工作,搞好信息安全等级保护,特别是电子政务、电子商务的安全等级保护,提高信息安全保障的能力和水平,促进国家信息化建设的健康发展。

---

[1] 卢新德:《我国信息安全的战略保障》,载《中共中央党校学报》2006年第6期,第106页。

七、发展信息安全的关键技术和核心技术

信息安全技术是保障信息安全的有力武器。没有技术保证，信息安全只能是纸上谈兵。在庞大而复杂的信息安全技术中，关键技术，特别是核心技术起着决定性的作用。构建信息安全保障新体系，从根本上把握信息安全的主动权，就必须拥有掌握自主知识产权的信息安全核心技术。

对我国政府来说，为了保证信息系统的安全，应自主开发综合性的信息安全技术，提高对信息的防范和检查能力；同时还可以对不同领域内的信息进行安全分级，加强安全管理。在各级安全设施中，核心的是机密军事网络和重要的金融网络；其次是非机密军事网络、通讯情报系统、其他金融网络和信息传输系统；再次是电信网络、电力网、企业信息系统和非重要军事信息网络；最后是个人信息和通讯等非重要信息网络。对核心网络，要采取最严密的安全措施。

此外，我国政府还应当提高技术的自主能力，在技术开发上加大投入，大力开发加密技术等先进的信息技术，加快维护资讯、通讯安全技术的开发和研究。

八、作好信息安全人才的培养、引进和发展规划战略

人才是信息化产生和发展之本，也是信息战和信息安全之本。信息安全人才是特殊人才，是构建信息安全保障新体系的根本保证。要培养和形成信息保障人才资源优势，必须确立正确的人才观，进一步深化人才队伍、干部队伍培养使用机制改革。人才是全方位的，除了要培养信息网络安全专家外，还要培养信息安全的法律和管理专家。要重视优秀高科技人才的使用和领导干部队伍的年轻化、知识化建设。

因此我们应当把信息安全人才资源的开发，作为信息安全保障工作的重中之重，积极探索新思路，制定和实施新战略，搞好信息安全人才的培

养建设工作，依靠高素质的人才迎接全球信息战的挑战，保障我国的信息安全。

随着网络信息安全对国家安全影响的日益加剧。作为目前全球互联网用户最多的国家，我们应该作好筹建网络信息专门组织的准备，这一组织类似于美国的网络战司令部，通过专门组织的建设提高我国网络攻防能力。进行网络信息专门组织建设的主要任务，一是机密资料的防与窃；二是进行舆论战；三是直接的网络对抗。要形成这样的专门机构，并在网络信息安全领域发挥出重要作用，人才梯队建设至关重要。

因此我们应当把信息安全人才梯队的建设，作为信息安全保障工作的重中之重，只有切实做好信息安全人才的培养建设工作，才能依靠高素质的人才不断开发和完善我国的信息安全技术，没有人才就没有技术，没有技术保证，信息安全只能是纸上谈兵。关键技术，特别是核心技术起着决定性的作用。构建信息安全保障新体系，从根本上把握信息安全的主动权，就必须拥有掌握自主知识产权的信息安全核心技术。此外，在有自主知识产权的核心技术开发上，我国政府应当加大投入，给予更大力度的支持。迎接全球信息战的挑战，保障我国的网络信息安全。

九、建立国际合作保障体系，推动信息安全国际机制进程

在网络世界里，边界的概念日趋复杂，单个国家很难解决网络发展给其带来的安全问题。换而言之，由于信息技术及互联网的飞速发展，各国间的相互依存关系进一步加强了。今天，我们正生活在一个相互依存的时代。"依存是指受到外部力量支配或极大影响的一种状态，相互依存最一般的定义是彼此相互依赖。在国际政治中，相互依存指的是国家之间或者不同国家行为体之间相互影响的情形"。相互依存确实是一种客观存在。由于各个国家发展的程度不同，互联网给发达国家和发展中国家带来的冲击和挑战是不一样的。由于发达国家对网络信息安全管理相对比较严格，

而在像中国这样的发展中国家，网络信息安全管理成了一个非常紧迫的现实问题。因此，中国在积极参与国际合作的前提下应通过积极推进国际间的信息体系建设，努力倡导建立一个公正、公平的新信息体系，为中国信息安全的发展努力争取一个有利的外部环境。

近些年来，随着信息安全挑战的日益严峻，世界各国在维护信息网络稳定、开发信息技术和利用信息资源等方面有着越来越多的共同利益和广阔的合作前景。作为全球网民数量最多的国家，中国不仅应该着眼于国内现实威胁，更应该考虑未来的长远发展，提升信息安全保障能力。通过加强国家信息安全合作来共同防范和打击信息犯罪活动，提高国内信息安全危机管理能力；今后，我们更需要进一步在信息安全技术、政策和法规等问题和其他国家进行对话和交流，积极推动国际信息安全危机预警通报机制，以及积极完善联合打击信息犯罪等一系列国际信息安全合作机制，充分提高我国信息安全的危机处理能力。

随着我国信息化的不断深入发展和在国际社会中地位的持续提高，我国面临的信息安全威胁将更加严峻，这要求我们对信息安全应更加重视，并应以发展的眼光、战略的高度，积极提高对信息安全问题的应对处理能力。只有不断加强对信息安全领域的投入，努力提高我国信息化水平，我们的国家才能真正在网络全球化的世界拥有自己的一席之地，才能最大限度地保证本国的国家安全。

纵观全文，网络已经无所不在地影响着社会的政治、经济、文化、军事等各个方面。同时在全球范围内，针对重要信息资源和网络基础设施的入侵行为和企图入侵行为的数量仍在持续不断增加，计算机病毒不断地通过网络产生和传播，计算机网络被不断地非法入侵，重要情报、资料被窃取，甚至造成网络系统的瘫痪等，诸如此类的事件已给政府及企业造成了巨大的损失，甚至严重危害到国家的安全。因此网络信息安全已成为世界各国当今共同关注的焦点，信息安全作为国家安全的重要组成部分，与国家安全存在着密切的联系，对国家安全的其他方面产生了深刻的影响。同时信息安全面临着来自多方面的挑战和威胁,如果信息安全受到威胁,则国家其他方面的安全就无法保障,进而影响到国家整体安全。如果对信息安全的重要地位重视程度不够,应对措施不得当,国家的发展前途必将会受到严重威胁。

因此,我们必须高度重视对网络信息安全的了解和防范,认真研究,妥善应对,才能牢牢把握主动权,消除安全隐患,确保人民的安全和国家的长治久安。

(本书为2013年国家社科青年项目《世界政治2.0时代的新型大国关系研究》项目号13CGJ011的阶段性成果。)

主要参考文献

［1］阿尔温·托夫勒著，阿笛等译．未来的战争．北京：新华出版社，1996．

［2］阿尔温·托夫勒著，刘炳章等译．力量转移．北京：新华出版社，1999．

［3］安德餐·布莱斯等著，赵福样等译．信息保障导论．北京：军事谊文出版社，2004．

［4］蔡拓．全球问题与当代国际关系．天津：天津人民出版社，2002．

［5］蔡翠红．信息网络与国际政治．上海：学林出版社，2003．

［6］蔡翠红．美国国家信息安全战略．上海：学林出版社，2009．

［7］曹荣湘．解读数字鸿沟：技术殖民与社会分化．上海：三联书店，2007．

［8］丛鹏主编．大国安全观比较．北京：时事出版社，2004．

［9］崔保国．信息社会的理论与模式．北京：高等教育出版社，2004．

［10］戴清明．信息作战概论．北京：解放军出版社，2006．

［11］国际关系学院第七届学术讨论会优秀论文集．北京：中国人民公安大学出版社，2001．

［12］胡键、文军．网络与国家安全．贵阳：贵州人民出版社，2002．

［13］姜岩、陈玲玲．信息安全．西安：陕西人民教育出版社，2006．

［14］刘跃进主编．国家安全学．北京：中国政法大学出版社，2004．

［15］刘慧主编．为国家安全立言．北京：中共中央党校出版社，2005．

［16］卢新德．构建信息安全保障新体系．北京：中国经济出版社，2007．

［17］陆忠伟主编．国际战略与安全形势评估（2004-2005）．北京：时事出版社，2005．

[18] 罗伯特·维纳.人有人的用处:控制论与社会.北京:商务印书馆,1978.

[19] 尼葛洛庞帝著,胡泳、范海燕译.数字化生存.海口:海南出版社,1999.

[20] 沙瓦耶夫著,魏世举等译.国家安全新论.北京:军事谊文出版社,2002.

[21] 王逸舟主编.2005年全球政治与安全报告.北京:社会科学文献出版社,2004.

[22] 温特著,秦亚青译.国际政治社会理论.上海:上海人民出版社,2000.

[23] 俞晓秋.信息革命与国际关系.北京:时事出版社,2002.

[24] 袁峰、顾铮铮、孙钰.网络社会的政府与政治.北京:北京大学出版社,2006.

[25] 张春江、倪健民主编.国家信息安全报告.北京:人民出版社,2000.

[26] 张新华.信息安全:威胁与战略.上海:上海人民出版社,2003.

[27] 中共中央关于加强和改进新形势下党的建设若干重大问题的决定.北京:中国方正出版社,2009.

[28] 周学广、刘艺.信息安全学.北京:机械工业出版社,2003.

[29] 蔡岩红.完善信息安全保障体系迫在眉睫.法制日报,2009,(12).

[30] 方清涛.中国信息安全面临的挑战及原因分析.河北经贸大学学报,2009,(6).

[31] 顾华详.中国信息安全面临的挑战及法治策略探讨.中国浦东干部学院学报,2010,(7).

[32] 顾华详.中国网络信息安全形势及法治对策.当代传播,2010,(4).

[33] 黄永垠.互联网与国家安全.省部领导论坛,2010,(2).

[34] 黄日涵.网络间谍与中国国家安全研究.长春大学学报,2010,(3).

[35] 黄日涵.Google事件与网络外交刍议.国际关系学院学报,2010,(6).

［36］金小川.信息社会的重大课题：国家信息安全.国际展望，1999，（17）.

［37］李仲良.信息时代的国家安全与信息安全研究.现代情报，2008，（12）.

［38］刘超.信息时代国际关系理论探析.欧洲，2001，（6）.

［39］卢新德.我国信息安全的战略保障.中共中央党校学报，2007，（6）.

［40］吕欣.我国信息网络安全现状与趋势（2006-2007）上.联想网御特别供稿.

［41］徐华炳.论信息安全及其中国情势.学术论坛，2005，（7）.

［42］杨绍兰.信息犯罪、信息安全与信息防范的路径分析.河南图书馆学刊，2008，（5）.

［43］张洋、周黎明、张蕊.中国信息安全现状略论.图书与情报，2004，（6）.

［44］赵程鹏.网络安全与国家安全.学习月刊，2006，（12）.

［45］赵晖.国家安全中的信息安全保障研究.哈尔滨市委党校学报，2008，（4）.

［46］郑声文.关于保障中国信息安全问题的战略思考.兰州学刊，2004，（4）.

［47］周小霞.浅析网络时代的国家安全.湖北社会科学，2005，（1）.

［49］方清涛.中国国家信息安全与策略研究.河北师范大学2009年博士论文.

［50］王强.论信息安全在国家安全中的战略地位.山东师范大学2006年硕士论文.

［51］胥鹏.网络信息条件下我国国家信息安全与策略研究.山东大学2010年硕士论文.